「儲ける」よりも
「安定性」が
求められる時代

年収1000万円を
超えたら読む
資産防衛の本

笠原章嗣
Shoji Kasahara

ダイヤモンド社

はじめに

「年収1000万円を超えているのに、なぜ生活にあまりゆとりがないのか？」「老後の生活は本当に大丈夫か？」と心配している人たちへ

この本は、会社勤めをして1000万円以上の給与をもらっている、いわゆる「高額所得者」の方々のための資産形成の入門書です。

日本の会社員の平均給与所得は、432万円（2017年）。

「デフレ不況」の最悪期には408万円（2012年）まで下がったこともありましたが、アベノミクスによる景気回復とともに、ここ数年、少しずつ増えてきました。

とはいえ、物価も少しずつ上がってきているので、多少給料が上がっても焼け石に水かもしれません。

住宅ローンや生命保険料、子どもの教育費など、毎月数万円ずつの出費がありますし、その他の生活費も含めると、〝日本の家計〟は依然厳しい状況が続いていると言えます。それは、1日のお小遣いがたった1000円前後と、侘しく、涙ぐましい日々を送っているビジネスパーソンの方々が多いことでも明らかです。

そうした給与所得が〝平均的なビジネスパーソン〟の目から見れば、年収1000万円以上を稼ぐ「高額所得ビジネスパーソン」のあなたは、何とうらやましく映ることでしょう。

「お金に余裕があるので、さぞや贅沢な暮らしをしているに違いない」とか、「住宅ローンや教育費、生活費を差し引いても十分なお金が余るので、かなり貯金を持っているはずだ。ひょっとしたら、株やFX、仮想通貨で大儲けしているのではないか？」と思っている人もいるに違いありません。

けれども、いまこの本を手に取っている年収1000万円以上の方のなかには、

「そんなことはない。世間的には〝金持ち〟のように思われているけど、わたしたちだってそんなにラクじゃないんだ」

と、嘆いておられる方も、かなりいらっしゃるのではないでしょうか？

わたしたちは、年収1000万〜2000万円の高額所得者を対象に、不動産をはじめとする資産運用のコンサルティングを数多く行っていますが、たくさんの方から「生活をもっとラクにしたい」「将来のために、もっとちゃんとお金のことを考えて準備したい」という相談を持ちかけられます。

なぜ、平均の2倍以上の給与をもらっているのに、相応の豊かさや安心を実感できないのでしょうか。

大きな理由のひとつは、日本ではお金を儲けている人ほど、より多くの税金を支払う仕組みになっているからです。

「累進課税」という言葉は、誰でも一度は聞いたことがあるはずです。

わたしたち日本人は、所得に見合った額の税金を毎年、国や地方に納めなければなりません。所得が少ない人には、納税負担を抑えるために低い税率が適用されますが、所得が増えれば増えるほど、税率は高くなります。

高額所得の方は、「多くもらっている分、国や地方に税金を納める余裕も大きいだろう」ということで、より多くの税金を納めることになるのです。

さらに健康保険や厚生年金などの保険料も、所得が上がるにつれて段階的に大きくなります。

年収1000万円の方の場合、所得税と住民税の合計額は約180万円（扶養や住宅ローン控除、所得控除の内容によるので一律ではありません）。

社会保険料は勤め先や年齢、都道府県によって異なりますが、厚生年金の本人負担保険料、そして本人負担の健康保険料を合わせると、年収1000万円であれば年間約120万円の負担となります。これらを差し引くと、単純計算ですが手取りは年間約700万円まで下がってしまうのです。

しかも、一般に高額所得の方は、年収が低い方に比べて、より多くの〝ポジション維持費用〟を支払っているものです。

社内でも相当な地位にあるはずなので、後輩に食事やお酒をおごる、取引先とのお付き合いのために、いいゴルフクラブを買ったり、ちょっとおしゃれなクルマを買ったりといった出費がどうしても多くなります。

結果、生活や貯蓄に回せるお金は、年収700万～800万円の人とそれほど変わらなくなってしまうという人がかなり多いのです。

ここで誤解をしていただきたくないのですが、わたしは「累進課税が悪い」とか、「日本の税制を、もっと高額所得者に配慮した内容に見直すべきだ」ということを言いたいわけではありません。

言うまでもなく、納税は国民の義務ですし、余裕がある高額所得者ほど、しっかり税金を納めるべきだと思います。

なぜなら、それが急速な少子・高齢化や人口減少によってどんどん重くなる国の財政負担を緩和するのに不可欠だからです。

高額所得の方々は、ビジネスで成功を収め、その評価として多額の報酬を受け取っています。「高い年収」は、自分が頑張っていることの証しです。

自分が頑張って得たお金なのですから、なるべく多く手元に残して、自分や家族のために使いたいという気持ちはよくわかります。

しかし、「ノブレスオブリージュ」（高貴さは義務を強制する）という言葉があるように、一定の地位や財力を持った人には、それに見合った社会貢献の義務が伴うものです。

あなたがいまの地位や財産を築き上げることができたのは、あなただけの力によるものではありません。何らかのカタチで、ほかの人の手助けや社会からの支援があったからこそ、高額の給料や報酬を手にすることができるようになったことを忘れてはいけません。

成功した人が、その財産をより多く社会に還元するのは当たり前のことであり、「累進課税」は、それを〝仕組み化〟した制度であると言えます。

もちろん、だからと言って、高額所得の方々が「一生懸命頑張っているのに、割に合わない生活を送らされている」とか「お金が全然貯まらず、将来が不安だ」と感じるのは、明らかにおかしいと思います。

では、どうすればいいのでしょうか？

わたしがこの本でお伝えしたいのは、高所得の方々こそ、現状に安心することなく、なるべく早いうちから、将来に備えての「資産形成」を始めるべきだということです。

資産形成にはさまざまな方法がありますが、本書のタイトルにも示したように、「目先の儲け」に主眼を置くのではなく、将来を見据えた「安定的な資産形成」のための考え方やノウハウを中心に、現代を生きる高額所得の方々に向けた形でお伝えしたいと考えています。

「お金が思っているより貯まらないことに不安を抱いている」という高額所得の方々の多くは、働けなくなったときに、「人並み以上の生活水準を保てるのかどうか？」という点を心配しておられるようです。

年収1000万円のいまでもそこまでのゆとりはないのに、リタイヤして年金だけで生活するようになったときに、果たして十分に暮らしていけるのかという心配です。

その悩みを解消するためには、老後に備えて、「働かなくてもお金が入ってくる」ような仕組みを用意しておかなければなりません。

それはなぜか？

「1970～80年代のように、国債は金利5％超えも当たり前」

「郵便貯金の10年定期にお金を預けておけば、8～12％の金利で気づけばお金が倍になっていた」

こんなことが期待できない時代だからです。

わたしたちが考える資産形成とは、ひと言でいえば、現代版のそのような仕組みづくりです。

詳しくは後ほどじっくりと説明しますが、安定的な資産形成を実現するためには、それなりの年月が必要です。取り組み方やスタート時期にもよりますが、短くても10年から15年、長ければ20年から30年と、じっくり時間をかけて取り組むべきものです。

なかには、「そんな悠長な気分にはなれない」と、焦って短期勝負の投資や投機をする方もいらっしゃいますが、急いで資産づくりをしようとすると、かえって大事な資産を大きく減らしてしまう恐れがあります。こういった計画性を持たせづらい投機的なやり方で資産形成をしようとすると、それが離婚や家庭崩壊などの引き金となり、人生が台無しになってしまう可能性もないとは言えません。

その点、本書で紹介するミドルレンジの「安定的な資産形成」であれば、経済状況やマーケットの相場の急変にかかわらず、時間をかけながら着実に資産を増やしていくことができます。

それなりに時間がかかる取り組みなので、もしあなたが30〜40代なら、いまから始めることをお勧めします。

また、いまこの本を手に取っている方のなかには50〜60代の方もいらっしゃると思いますが、そうした方々も取り組み方次第で資産形成を既定路線にのせることは可能です。

いずれにしても大切なのは、決まった準備期間のなかで、目標を定めて資産を形成することです。

本書は以下の４つの章で構成しています。

第1章の「何もしないままでは年収1000万円でもゆとりがない生活」では、先ほど簡単に触れた年収1000万円以上の方々の生活が思いのほかラクではない理由について、より詳しく解説します。ご自身が実感する満たされない感覚の原因はどこにあるのか、どうすればそれらを解消していけるのかについて、一緒に考えてみましょう。

またこの章では、たとえいま年収1000万円以上を稼いでいたとしても、さまざまなリスクによって、安泰な人生が脅かされかねないことについても言及します。

たとえば、いま勤めている会社が倒産する、病気や事故によって働けなくなるといったことが起こると、収入はたちまち途絶えてしまいます。

「頑張って働きさえすれば、定年まではいまの収入が確保できる」という考え方は、幻想以外の何ものでもありません。

長い人生の先にどのようなリスクが潜んでいるのか、それに備えて、どのような対策を打っておくべきかについてお伝えしていきます。

第2章の「高所得ビジネスパーソンが資産形成をしなければならないこれだけの理由」

では、将来に備えた資産形成の大切さについて深く理解していただいたうえで、どのような資産形成に取り組むべきかについて解説します。

ひと口に資産形成といっても、さまざまな種類があります。読者の皆さんにとって身近なのは、株やＦＸ（外国為替証拠金取引）、仮想通貨といった金融投資かもしれませんが、そのほかに不動産投資などの方法もあります。

この章では、それぞれの投資方法の特徴や、メリット・デメリットなどを確かめたうえで、最善の投資方法を探ります。

第３章の「不動産投資で自分の資産を賢く守る」では、数ある投資方法のなかから不動産投資に着目し、その魅力や、投資を始めるに当たっての基礎知識について紹介します。

少し前まで、不動産投資は一部のお金持ちや会社経営者のための投資だと思われていましたが、最近は年収５００万〜７００万円程度の会社員の方でも、区分マンションなどを購入して不動産投資を始める方が増えてきました。〝サラリーマン大家さん〟という言葉を、一度や二度は耳にしたことがあるのではないでしょうか。

じつは、本書を手に取られた年収1000万円以上の方なら、年収が低めの方よりもかなり有利に不動産投資を実践することができます。

なぜなら、「年収の高さ＝信用力の高さ」を活用して、より多くの物件を、ほかの人たちよりも好条件で早く取得できるからです。

わたしたちはこれを、年収1000万円以上の方に与えられた「資産形成の特別パス」と呼んでいます。

せっかく持っている「パス」を生かさない手はありません。ぜひ、不動産投資という資産形成のための手段を一度ご検討ください。

最後の第4章の「自分よりも自分のニーズに目ざとい。そんなパートナーを選ぶ」では、不動産投資への取り組み方について、より詳しく解説します。

ちなみに、不動産投資には「長期的な資産形成」を促してくれるほかに、「短期的なキャッシュフローを増やして、目の前の生活をラクにしてくれる」というメリットもあります。この章では、その仕組みについても詳しく説明します。

本書を手に取っていただいた方は、本当にご多忙の方が多いと存じます。だからこそこれを機に、ご自身の資産のセキュリティ対策（減らさない対策）、そして老後に向けた準備について、一度心のギアをニュートラルに入れ、ぜひ考えてみてください。

CONTENTS

CONTENTS

第1章

何もしないままでは
年収1000万円でも
ゆとりがない生活

年収1000万円でもじつは簡単ではない「ふつう」の暮らし

よく言われるように、日本では年々、個人間の「格差」が広がっています。とくに深刻なのが雇用と賃金の格差です。

日本の非正規雇用者の数は、リーマンショックが発生した2008年には1760万人でしたが、2018年には2120万人まで増えました(総務省統計局『労働力調査 平成30年(2018年)平均(速報)』、以下同)。

2018年の全国の被雇用者総数は5596万人ですから、約3人に1人は非正規雇用者ということになります。

正規雇用者と非正規雇用者では、給与のベースが異なるので、どうしても収入格差が生まれます。2019年4月に施行された「働き方改革関連法」によって、正規・非正規などの雇用形態にかかわらず、「同一労働・同一賃金」に是正されていく道筋が開けましたが、抜本的に賃金格差が解消されるまでには、まだ相当の時間がかかりそうです。

一方、同じ正規社員の間でも、業種や職種による賃金の格差は広がり続けています。

国税庁の『民間給与実態統計調査結果』（平成29年分、以下同）によると、業種別で年間の平均給与（賞与・手当を含む）が最も多いのは、「電気・ガス・熱供給・水道業」で747万円。逆に最も少ないのは「宿泊業・飲食サービス業」の253万円で、じつに500万円近くも開きがあります。

もちろん同じ業種でも、職種や勤続年数によって、もらえる給与の額は大きく異なります。また、近年は成果や専門性に応じて給与に差を付ける動きが広がっているので、20～30代で年収1000万円を超えている方も少なくありません。本書を読んでいる方々の多くも、そうした〝勝ち組〟の1人なのではないでしょうか。

日本の会社員（被雇用者）を年収の多さで分けると、年収1000万円以上の人は全体のわずか4・3％にすぎません。年収1500万円以上は0・7％、2000万円以上は0・2％、2500万円以上は、たった0・2％です。

100人中たった4〜5人であることを考えると、年収1000万円以上の方は、文字どおり〝たったひと握りのエリート〟と言って差し支えないと思います。

少なくとも、世間の人々からはそう見られているはずです。

■約4870万人の年収別構成比

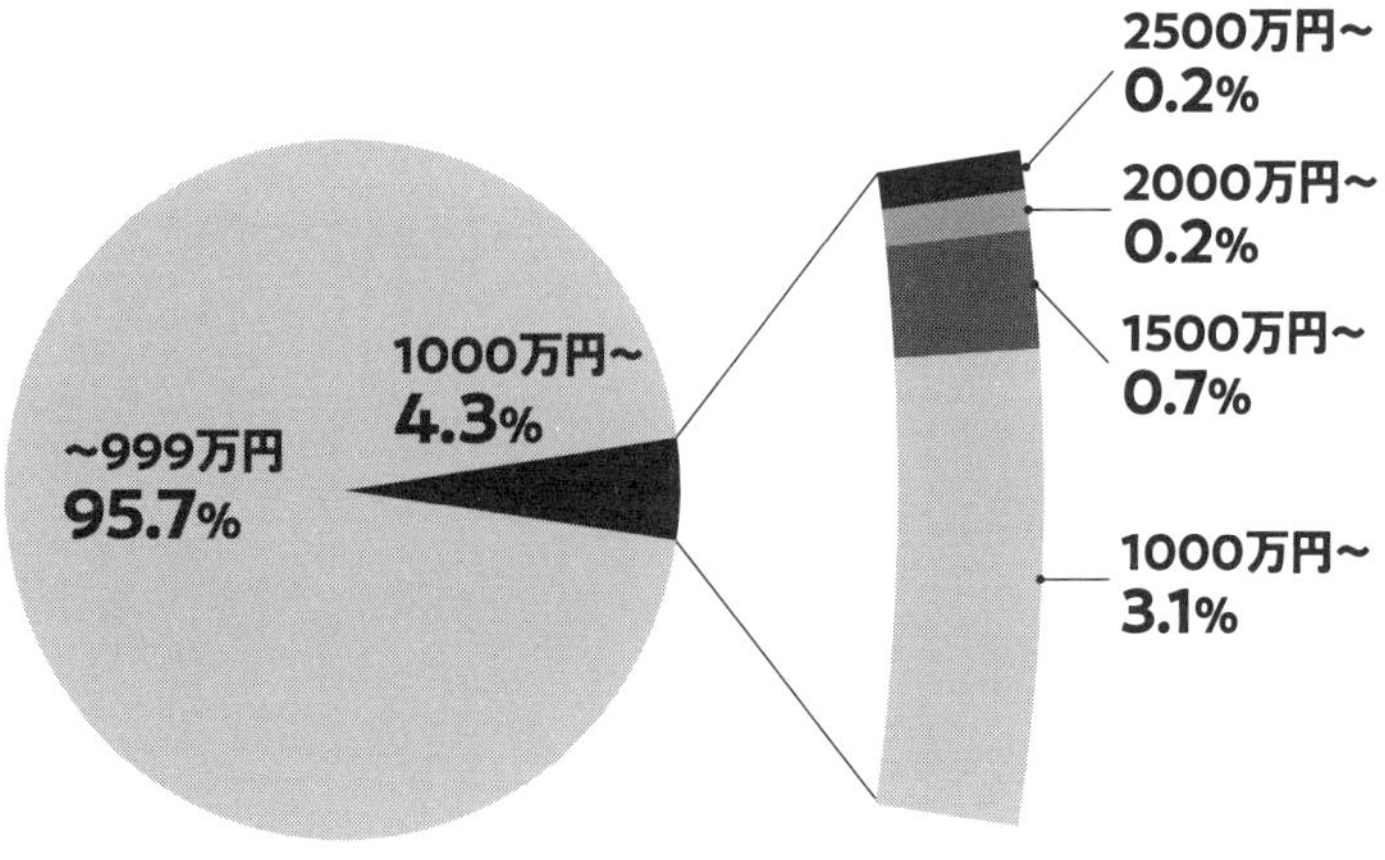

出典：国税庁「平成29年発表民間給与実態統計調査結果」

でも、そうした世間の見方に、違和感や戸惑いを覚えている年収1000万円以上の方も少なくないのではないでしょうか。

「確かに給料はそれなりにもらっている。だからといって、決して贅沢な暮らしができているわけじゃない」

「入るお金はそれなりにあるけど、出ていくお金も多い。そこまで無駄遣いはしていないはずなのに、お金がどんどんなくなっていて、老後にどれだけお金を残せるのか不安で仕方がない」

そんな不満や不安を感じている人も、かなりいらっしゃるのではないかと思います。

給料はたくさんもらっているはずなのに、なぜお金が残らないのか？

答えは簡単です。

高額所得の方は、それ相応に国に貢献する義務を負っているからです。

本書の「はじめに」でも解説したように、日本の所得税・住民税は、「累進課税」によって徴収されます。もっとわかりやすく言えば、年収の多い人ほど高い税率で税金を納める仕組みになっているのです。

たとえば、日本人の平均給与所得（2017年は432万円）に近い方の場合、所得税率10％です。仮に所得が450万円だとすると、納める所得税は12万500円となります。

これに対し、年収1000万円の方の所得税率は20％です。当然、所得税の額も大きくなり、84万500円を納めなければなりません。

このほかにも、年収に応じて住民税や健康保険、厚生年金などの社会保険料が給料から天引きされます。結果として、手元に残るお金は700万円前後にまで減ってしまうのです。

バブル崩壊後の「デフレ不況」によって、日本のモノやサービスの値段は昔に比べてかなり安くなりました。しかし、だからと言って700万円前後の収入だけで1年間暮らしていくのは、そう簡単ではありません。

総務省統計局の『家計調査報告』によれば、2018年の「2人以上の世帯」の1ヵ月当たりの平均消費支出は28万7315円。年間にすると344万7780円です。

これはあくまでも平均値であり、年収1000万円以上の方は平均よりも水準の高い暮らしをしているでしょうから、400万円を超えているかもしれません。

住宅を購入した方であれば、月々数万円ずつ、年間で数十万円の住宅ローン返済も行っているはずです。

また、この平均消費支出には、月々1万円余りの「教育費」も含まれていますが、年収1000万円以上の方の場合、お子さんの教育に相当お金をかけていらっしゃるケースが多いと思います。私立の幼稚園や学校に通わせ、塾や家庭教師にもお金をかけるとなると、数十万円から100万円単位の支出が加わることになります。

さらに高額所得の方は、社内外の人々との〝お付き合い〟にも、それなりのお金がかかるはずです。

一般に高額所得のビジネスパーソンは、年齢にかかわらず社内でも高いポジションにいるものです。当然、部下に食事やお酒をおごったり、役員の方々とお付き合いをしたりする機会も多いでしょうし、得意先や取引先とのお付き合いもあります。

得意先とのゴルフコンペで足元を見られないように、高いゴルフクラブを買ったり、ちょっとおしゃれなクルマを買ったりという贅沢をせざるを得ないこともあるはずです。

また、ビジネスパーソンの一番身近な相棒である〝スーツ〟も、「年収の1％以上のものを着るべし」のような風説もあります（個人の自由とはいえ、なかなかないがしろにできないのも事実……）。

こうした支出を、仮に〝ポジション維持費用〟と呼ぶことにしますが、年収や地位が高くなればなるほど、その額はどんどん大きくなります。

ここまでの話をまとめると、年収1000万円以上の方は、確かに収入は高いけれど、納める税金の多さや、住宅ローン、子どもの教育費、〝ポジション維持費用〟など、かな

■ 高額所得のビジネスパーソンの出費群

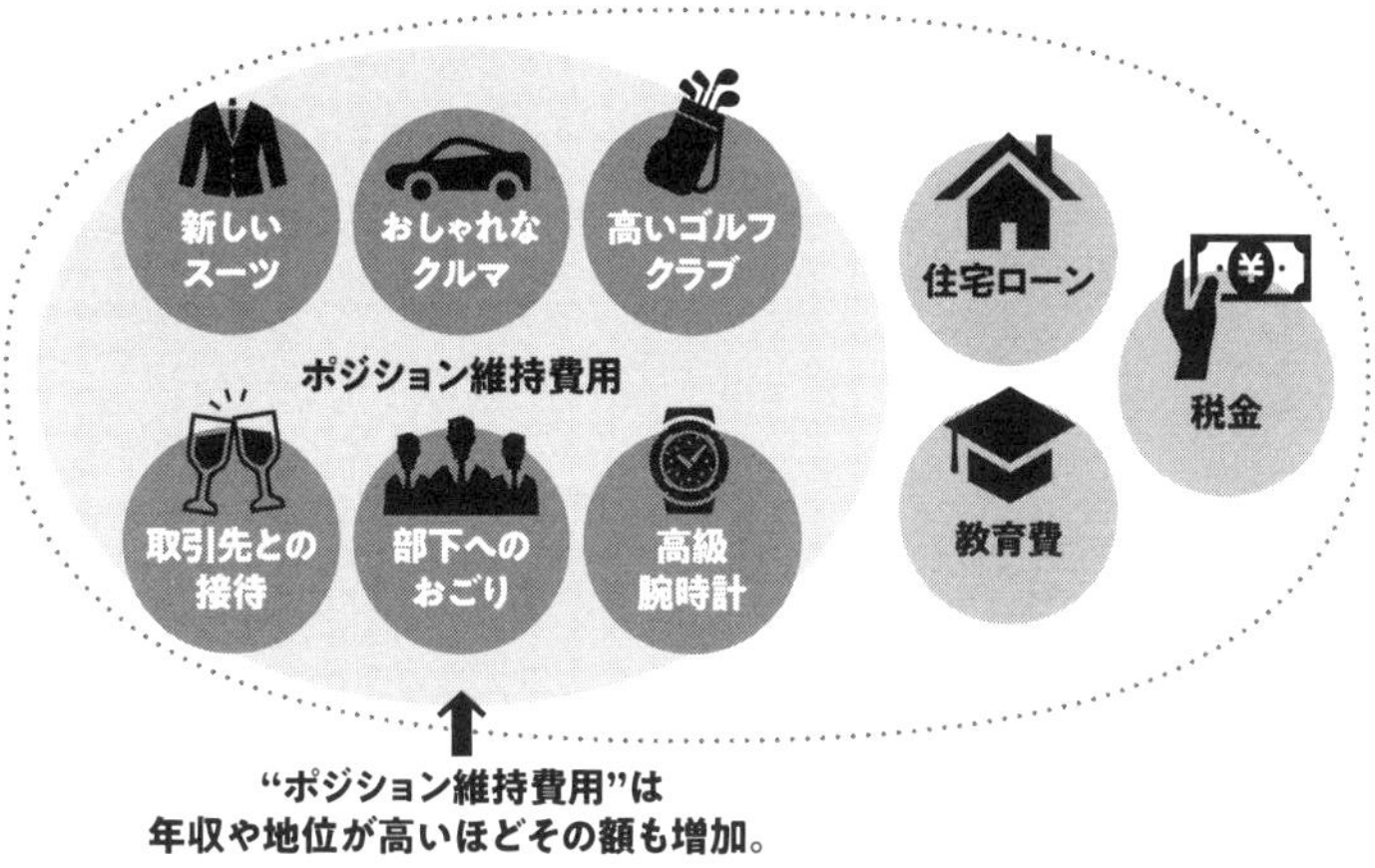

りの出費を余儀なくされていることがわかると思います。

これほどお金が出ていってしまうのでは、そうそう貯金が残るはずもありません。

「稼いでいるのに全然お金が貯まらない。これで将来の生活は大丈夫なのか？」と不安に感じる高額所得の方が多いのも、「目に見えない部分」も含めたこういったさまざまな出費の存在によるものです。

預貯金だけではお金は増えない
年金が減る不安は、
待っているだけでは払しょくできない

ここまでの説明で、年収1000万円以上を稼いでいても、なかなかお金が残らない理由がよくおわかりいただけたのではないかと思います。

では、生活費や〝ポジション維持費用〟などをもっと切り詰めて、せめて月数万円ずつでもお金を貯めていけば、老後のための資金は工面できるのでしょうか？

結論から言えば、かなり厳しいと思います。

仮にあなたがいま40歳で、月々5万円ずつお金を貯めていったとしましょう。

1年間に貯まるお金は60万円。老後を65歳からとすると、それまでの25年間で貯まるお金は1500万円です。

年収1000万円の方であれば、地道にコツコツと貯金をしたにもかかわらず、年収のわずか1・5倍のお金しか残らない計算になってしまうのです。

このように、預貯金だけでは資産を大きく増やせないことは明白です。

実際のところ、預貯金が老後の資産形成のための手段となり得たのは、いまから30〜40年前までの話です。

たとえば、オイルショックによって物価が急騰した1970年代初めには、郵便貯金の定額貯金金利は約8％と、いまでは考えられないほど高水準でした。バブル景気が発生した1980年代後半でも、普通預金金利は約2％、郵便貯金の定額貯金金利は約4％となっています。

仮に100万円を年4％の金利で複利運用したとすると、10年目には148万円、20年目には219万円、30年目には324万円となります。

郵便局や銀行にただ預けておくだけで、30年後には資産が3倍以上になったのです。

ところが残念ながら、いまの日本では、普通預金の金利は0・001％です。

先ほどの例と同じように、１００万円を複利運用したとしても、30年後に付く利息はたった３００円です。これでは、預けている意味がまったくありません。

では、この先、再び金利は上がるのかと言えば、その可能性はかなり低いと言えるでしょう。なぜなら、金利が上がると、国が抱える借金の利払い負担が重くなって、ますます財政が悪化する恐れがあるからです。

ご承知のように、少子・高齢化や、それに伴う人口減少の深刻化とともに、国の借金はどんどん膨らんでいます。医療や介護などの費用負担が増大する一方で、人口減少とともも

■ 預金金利の推移

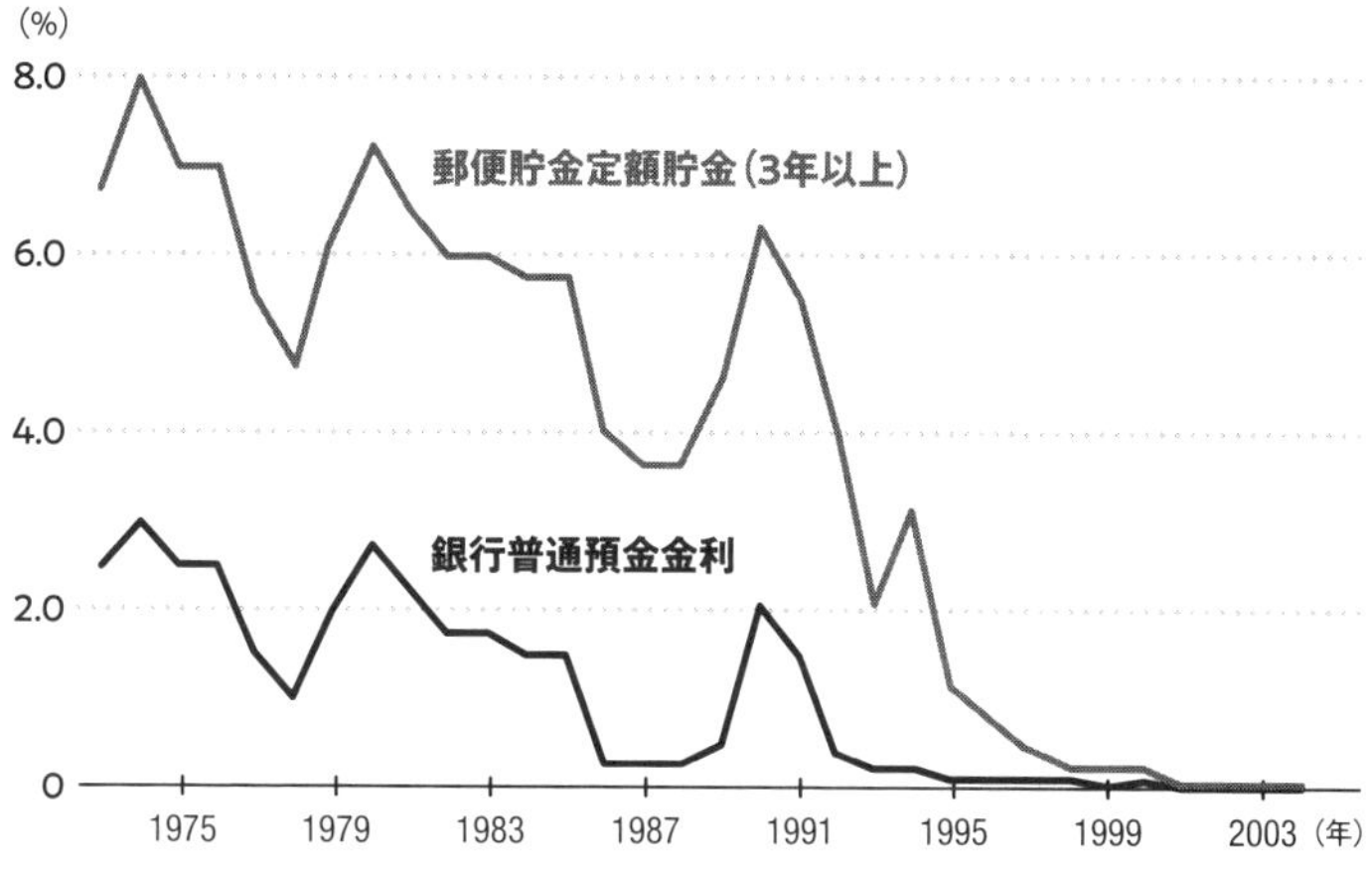

出典：総務省統計局「主要金利水準」

に税収が伸び悩んでいることから、不足する費用を補うために国債の発行額（借金の額）が年々増え続けているのです。

いまや日本の借金は1091兆円（2018年9月時点）とGDP（国内総生産）の2倍近くに達しており、先進諸国のなかでも飛び抜けて高い水準になっています。

借金は元本に利子を加えて返済しなければなりませんから、ひとたび金利が上昇すれば、国の財政負担はさらに重くなってしまいます。

いま、日本銀行が進めている超低金利政策は、適度な物価上昇を促して日本の経済を成長させることが本来の目的ですが、国の利払い負担を抑えて財政悪化を食い止めるという隠れた狙いもあるわけです。

いずれにしても、金利が上昇する期待が持てない以上、預貯金だけで老後の資産形成をするというのは、非現実的な取り組みだと言わざるを得ません。

「盤石でゆとりある老後を実現したい」と本気で考えるのなら、預貯金以外の投資手段を検討すべきでしょう。

また、少子・高齢化や人口減少にかかわる懸念としては、「年金はこの先、大丈夫なのか？」という点も非常に気になるところです。

そもそも日本の年金制度は、「一定の積立金に加えて、若年層の支払う掛け金が高齢者に支給される年金の原資になる」という「世代間扶養」の形式で運用されてきました。

年金制度が始まった1960年当時は、現役世代11・2人で1人の高齢者を支える形となっていたので問題ありませんでした。

ところが、少子・高齢化の進行とともに、2010年には2・8人で高齢者1人を支えるというかなり厳しい状況に陥り、2025年にはさらに減少して1・9人になると予想されています。今後、若者の数はますます減る一方で、医療技術の進歩とともに、高齢者の数はますます増えていくことでしょう。そうなると、年金制度そのものを支えきれなくなる恐れがあります。

専門家のなかには、「年金は破たんしない」と主張する人もいますが、その前提となるのは支給開始年齢の引き上げや支給額の引き下げです。

実際、年金の支給開始年齢は、これまでにも60歳から65歳に引き上げられ、支給額は徐々に減額されるという歴史を経てきました。少子・高齢化と人口減少という社会構造上の問題が抜本的に解決されない以上、その歴史が繰り返される可能性は、極めて高いと予想されます。

そう考えると、老後の生活資金として年金を当てにするのも、かなり難しいと言わざるを得ません。やはり、なるべく早い時期から自助努力によるしっかりとした備えをすることが必要だと言えそうです。

一部上場企業に勤務しているのに将来が安心とは言えない時代

年収が1000万円以上あったとしても、将来への不安が付きまとうのは、

「いまの収入がいつまで続くかわからない」

という不確実性にも原因があるのではないでしょうか。

かつてのように終身雇用、年功序列の時代であれば、真面目に働いてさえいれば、それなりに安定した地位と収入を保ち続けることができました。

しかし、そうした「日本型の経営」はいまや完全に崩壊し、成果や貢献度に応じて給与

が大きく変わる時代です。会社の評価次第で、給与が大幅に減額されるというリスクも想定しないわけにはいきません。

かといって、あまり頑張り過ぎると、「体を壊して働けなくなる」というリスクもあるのですから、非常に厄介です。

ただでさえ高額所得のビジネスパーソンの方は、その年収に見合った激務をこなしているはずです。自分の能力を存分に発揮する一方で、体調と向き合いながら仕事に取り組まなければ、高収入を維持し続けることは難しいでしょう。

また、どんなに自分が頑張っても、どうにもならない理由で高収入の仕事を失ってしまうこともあります。

勤めている会社が潰れてしまうことも、そのひとつです。

たとえ一部上場の大企業であっても、潰れるときには、たちまち潰れてしまうことをわたしたちはこれまで嫌というほど目にしています。

バブル崩壊後の日本経済の最悪期といわれた1997年から1998年には、大手の銀行や証券会社が相次いで破たんしましたし、最近では会計不正で破たん寸前に追い込まれた大手電機メーカーや、経営不振によって外国資本に身売りをした大手電機メーカーなどの事例が記憶に新しいでしょう。

上場企業は圧倒的なブランド力に守られていると思いがちですが、ひとたび大きな不祥事や品質の問題などが発覚すると、たちまち信頼が失墜して、ブランド力とともに稼ぐ力を失ってしまいます。そしてそのしわ寄せは、会社を信じて真面目に働いていた社員たちにまで及ぶのです。

破たんにまでは至らなかったとしても、再生局面において「早期依願退職」などの名目で大胆なリストラが行われることもあります。

将来の復活のために残しておくべき人材と、切り捨てる人材とがふるいにかけられ、後者に選ばれると、たちまち職を失ってしまうことになるわけです。たとえ残ることができたとしても、給与や手当の大幅な見直しは避けられません。

その結果、将来に備えた資産形成プランが根底から大きく崩れてしまうことも考えられるのです。

もうひとつ、これからも収入を確保していけるかどうかを考えるうえで念頭に置いておきたいのが、「第4次産業革命」の流れです。

製造業や流通・小売業にお勤めの方ならよくご存じだと思いますが、いまこれらの産業分野では、蒸気機関の発明による「第1次産業革命」(18世紀末)、電力による大量生産を実現した「第2次産業革命」(20世紀初頭)、電子工学や情報技術を用いたオートメーションの時代である「第3次産業革命」(1970年代)に続く「第4次産業革命」の時代が訪れています。

その特徴は、ＡＩ（人工知能）やＩｏＴ（モノのインターネット）といった最新テクノロジーを応用して、生産や流通・小売りなどの現場の無人化や自動化を推し進めることです。これまで人間が行っていた需要予測や、それに基づく生産、販売、配送、アフターサービスなどのプロセスをすべて機械に置き換え、ＡＩによって自動的に動かすという、まるでＳＦのようなビジネス形態が次々と実現しているのです。

現在、人間が判断し、処理していることの大部分は、ＡＩに置き換えられるといわれています。そうなると、わたしたち人間がやるべき仕事は、この先どんどん減っていくに違いありません。

オックスフォード大学のマイケル・Ａ・オズボーン准教授は２０１３年に、「今後10～20年で47％の仕事が機械に取って代わられる」と予想しており、なくなると考えられる具体的な職種として、銀行の融資担当者、保険の審査担当者、給与・福利厚生担当者、金融機関のクレジットアナリスト、測量技術者、訪問販売員などを挙げています。

単純業務だけでなく、高度な知識や経験が要求されるような職種でも、あと10年前後でＡＩに置き換えられてしまう可能性があるわけです。

もっと未来の話で他人事のように考えている方もまだ多くいらっしゃいますが、「いまの収入がいつまで続くのか」ということを、「人間にしかできない仕事」を任せられるだけの能力を磨く一方で、収入が途絶えたときの備えを真剣に考えたほうがよさそうです。

病気や事故、介護など人生には予期せぬリスクも

順風満帆な人生。それは言うまでもなく、誰もが求める理想です。

しかし、理想はあくまでも理想。人の一生には思わぬ逆風が吹き荒れ、ときには大きな落とし穴が待ち受けていることもあります。

たった一度、落とし穴に落ち込んでしまったせいで、人生の進路そのものが大きく狂ってしまうことも珍しくはありません。

思わぬ落とし穴の典型とも言えるのが、病気やケガなどでしょう。

たとえいまは年収1000万円以上を稼いでいるといっても、ひとたび大きな病気やケガで働けなくなってしまったら、その途端に収入は激減してしまいます。

年収1000万円以上の方は、ただでさえ、その収入に見合った激務をこなしているはずです。無理をして体を壊したり、動けなくなったりするリスクは人一倍大きいと言えます。体の調子だけでなく、メンタル（精神）の調子が悪くなることも十分に考えられます。

実際、厚生労働省の調査によると、精神疾患により医療機関にかかっている患者の数は、ここ数年急増しています。１９９６年には全国で２１８万人だったのが、２０１４年には３６１万人と、８年で１・６倍以上に増えているのです。

とくに、うつ病や統合失調症、不安障害などに陥る方が多く、近年ではうつ病の著しい増加が見られます。

激務による疲労や仕事へのプレッシャーだけでなく、上司によるパワハラやセクハラなど、社内の人間関係が引き金となって、精神疾患に陥るケースも少なくありません。

こうした状況を改善するため、２０１５年12月から職場における年に1回のストレスチェックが義務化されるなどの動きもありますが、抜本的な改善は難しいでしょう。

万一の病気やケガに備えるためには、医療保険に入っておくという方法もあります。

最近では、入院期間中のお金だけでなく、通院の費用や、病気で働けなくなったときの収入の保障までしてくれる保険も登場しています。しかし、元気なときに稼いでいた収入と比べると大きく減るのは言うまでもありませんし、働けない期間が長引けば長引くほど、得られる収入の差はどんどん広がってしまいます。

そうならないためには、あまり仕事を頑張り過ぎず、上司の叱責や嫌みなども軽く受け流せるような心の柔軟さを身に付けておくことが大切だと言えますが、実際にはそれができないからこそ、精神疾患の患者数がどんどん増えているのでしょう。

このように、高額所得ビジネスパーソンの方は、心や体の健康を害するという大きなリスクと隣り合わせに生きていることを忘れてはいけません。

保険による備えも大事ですが、それ以上に、働けなくなったときでも、自身のため、ご家族のためにより多くの安定収入が確保できるような準備をしておくべきではないでしょうか。

さまざまな方法が考えられますが、第3章以降で解説する不動産投資は、その有効な手段のひとつではないかと思います。

人生における予期せぬリスクは、病気やケガばかりではありません。

たとえば、高齢化が急速に進む今日においては、介護が必要になった親族のお世話を急遽担うことも予期せぬリスクだと言えます。

厚生労働省の『介護保険事業状況報告（年報）』によると、わが国の要介護（要支援）認定者の数は、2000年4月末の213万人から、2017年4月末には633万人と3倍近くに増えています。

働き盛りの40〜50代の方は、ご両親が60〜70代以上のはずですから、病気や身体機能の衰えなどによって、いつ歩けなくなったり、寝たきりになったりしても不思議ではありません。

かといって、すべての人が特別養護老人ホームなどの公的介護保険施設に入居できるわけではなく、サービスは整っているけれど、費用が高い有料老人ホームやサービス付き高齢者向け住宅（サ高住）に入居させるのも大変です。

また、施設入居の待機期間が長期間になると、入居資金の問題から結果的に自分で親の面倒を見るために会社を辞め、それによって収入が途絶えてしまうというケースも珍しくありません。

病気やケガだけでなく、さまざまな予想外のリスクに備えて、しっかりと対策を打っておくことが必要です。

銀行も生き残りを懸ける時代
多額なら預金リスクも認識する

資産運用と言えば、誰もが真っ先に思い浮かべるのが、銀行や証券会社などの金融機関ではないかと思います。

とくに銀行に対する日本人の信頼は絶大です。潰れる心配はほとんどないし、万が一潰れそうになったら、国が公的資金を注入して守ってくれる。だから、銀行にお金を預けておけば安心だと、誰もが思っています。

実際、日本ではバブル崩壊後、多くの大手銀行が破たんの危機に直面しましたが、国の指導のもとで外国資本に売却されたり、公的資金の注入によって息を吹き返したりしました。その先例を見ているからこそ、銀行に対する安心感、信頼感は絶大なものとなっているのでしょう。

しかし、海外に目を向ければ、2008年の「リーマンショック」発生時に、米国の4大投資銀行の一角であったリーマン・ブラザーズが米国政府から見放され、巨額の債務を抱えたまま破たんに追い込まれた先例もあります。

当時の米国では、巨大な金融機関が破たんすると経済が大混乱するので、「大き過ぎて潰せない（Too Big To Fail）」と世間は見ていましたが、リーマン・ブラザーズがあっさりと見放されたことで、その神話はもろくも崩れました。

その後、これを引き金とする「リーマンショック」によって、世界経済がどれほど悲惨な状況に追い込まれたのかは、あらためて説明する必要もないでしょう。

ここで理解していただきたいのは、この先、再び金融危機が起こったとしても、かつて国がしてくれたように、銀行が再び救済されるとは限らないということです。「歴史は繰り返す」とは言いますが、残念ながらその保証はどこにもありません。

銀行にお金を預けるのであれば、その銀行の経営がしっかりしているかどうかを、厳しく見極める必要があるでしょう。

ここ数年、日本の銀行には経営の屋台骨を揺るがしかねない大きな逆風が吹いています。

それは、日銀によるマイナス金利政策です。

銀行のビジネスの基本は、預金を集めたり、市場からお金を借りたりして、そのお金を企業や個人に貸すことです。貸し付けるお金には、預金者に支払う利息や、市場から借りた金利に、さらに上乗せした金利を設定します。この「貸出金利」と「調達金利」の差が銀行の利益になるわけです。

ところがいま、日銀がマイナス金利政策を実施した結果、この「貸出金利」と「調達金利」の差が非常に小さくなっています。

銀行が融資を行う際の金利は、「市中金利」と呼ばれる市場の平均的な金利水準に沿って設定されます。そして市中金利の水準は、基本的には日銀の金利政策の動きに沿って上下動します。そのため、現在のようにマイナス金利の状況だと、市中金利も限りなくゼロに近い水準まで下がってしまうのです。

最近、住宅ローンを組んだ方なら、現在の変動金利が0・3〜0・5％と驚くほど低水準であることを実感したことでしょう（2019年3月時点）。

この場合、「貸出金利」と「調達金利」との利ざやは0・3〜0・5％以下ということになります。3000万円の住宅ローンを設定しても、銀行が取れる利益はせいぜい年9万〜15万円程度なのですから、薄利以外の何ものでもありません。営業や審査にかかる人件費や運営費などを差し引くと、赤字になってしまう恐れもあります。

実際、地方銀行などでは、マイナス金利政策の影響で経営が悪化する銀行が増えており、これが地銀再編の引き金になっています。
2018年に発覚したスルガ銀行による不正融資の問題も、元をたどれば銀行の経営環境がここ数年、著しく悪化したことに遠因があるのではないかと思われます。

真面目に商売をしていたらマイナス金利の影響でじり貧になってしまうので、悪いことはわかっていても不正に手を染めざるを得なかったのではないでしょうか。

いずれにしても、スルガ銀行の一件によって銀行に対する世間の目が厳しくなったことは言うまでもありません。

■ 貸出金利（新規／総合）の推移

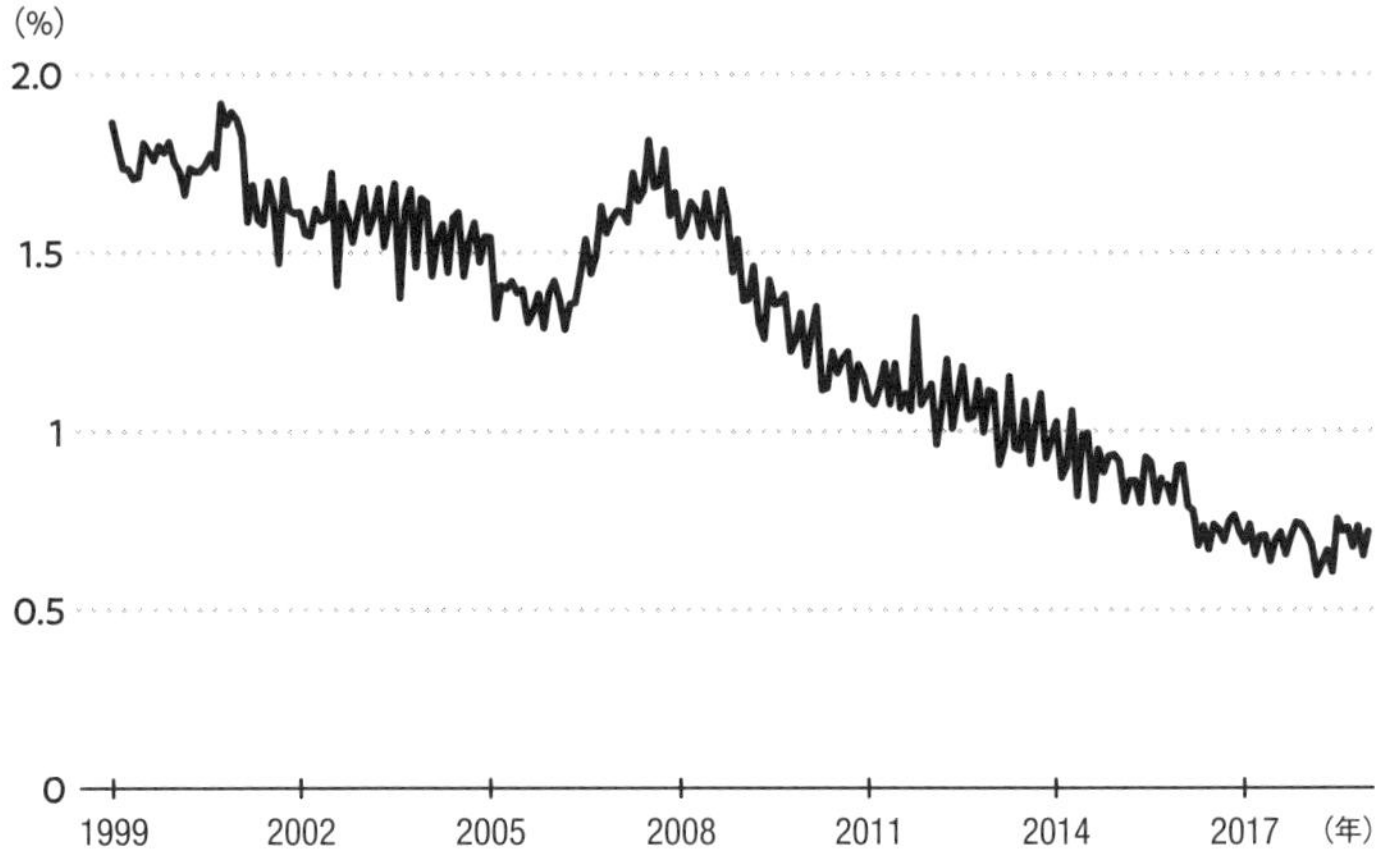

出典：日本銀行「貸出約定平均金利」

「銀行が顧客や世の中をあざむくことがある」という思いもよらないリスクが存在することが明らかになったわけです。資産形成のパートナーとして銀行を選ぶ際には、経営状況はもちろんのこと、顧客への向き合い方をしっかりと見極める必要がありそうです。

顧客の立場になって向き合ってくれる銀行かどうかを確かめるには、金融商品の窓口販売（窓販）の態度を見る方法もあります。

「貸出金利」と「調達金利」の利ざやが極端に薄くなったことから、いまほとんどの銀行は、投資信託や保険などを販売する「手数料ビジネス」を強化しています。手数料ビジネスは、投信や保険の販売件数に応じて一定の収入が確実に入ってくるからです。

しかし、なかには窓販の売り上げを伸ばすために、お客さまが本当に必要としているかどうかにかかわらず、投信や保険を勧めてくる銀行もあるようです。

お客さまの資産形成にかかわる悩み事やライフプランにしっかりと耳を傾け、適切なアドバイスや、それに合った金融商品の提案をしてくれる銀行を選びたいものです。

少子・高齢化と人口減少の課題で先行きの不透明感が強まる日本経済

「日本経済の先行き不透明感は感じているが、今後どうしていくべきなのか……」

経済の動きに人一倍関心を持っている年収1000万円以上を稼ぐ高額所得ビジネスパーソンの方でも、将来への不安はつねに付きまとっているはずです。

自分の将来のことを考えるためには、いまの時代が抱えている問題や、それがこの先どうなっていくのかということについても目を向けなければなりません。

人生は、世の中の動きや変化によって翻弄されるものであるということは、いまさら言うまでもないでしょう。ひとたび戦争が起きれば、それまで蓄えていた財産をたちまち失ってしまうかもしれませんし、それどころか、大事な家族まで失って人生が台無しになってしまう可能性もないとは言い切れません。

幸い、日本では長く平和な状態が続いていますが、「まさか」の事態が今後、絶対に起こらないとは限らないからです。

戦争や政変のように突発的な変化が起こり得る一方で、世の中には、長い時間をかけながら少しずつ変わっていく変化もあります。

日本の場合、とくに注目すべきなのは、少子・高齢化と、それに伴う急速な人口減少の進行でしょう。

なぜなら、これらの持続的な進行によって、日本経済は年を追うごとに衰えていくことが懸念されているからです。

少子・高齢化と人口減少は、日本の社会構造を大きく変える深刻な問題なので、本書をお読みいただいている方もすでにいろいろな情報を得ていると思いますが、ここで一度整理しておきましょう。

厚生労働省の『平成30年（2018）人口動態統計の年間推計』によると、2018年の出生数（推計値）は92万1000人と、3年連続で100万人を割り込みました。

戦後間もない1947年の出生数は267万人でしたが、この70年余りで約3分の1に減ってしまったわけです。

一方で、急速な高齢化の進行とともに、老衰や病気によって亡くなる人の数も増えています。年間の死亡数は2003年に100万人の大台を超え、2018年には136万9000人（推計値）となりました。

亡くなる人が増えて、生まれる人が減れば、おのずと人口は減少していきます。

日本の人口の自然増減数は、2005年に2万1266人のマイナスに転じ、その後、減少幅がどんどん拡大しました。

２０１８年には、なんと44万８０００人（推計値）が自然減少しています。これは、東京都町田市（約43万人）の人口がまるまる消滅したのと同じ規模です。

もちろん、人口は自然増減のほかに、海外からの流入や流出によっても増減します。

ここ数年、日本人との結婚や仕事などの理由で日本に住む外国人の数は着実に増えています。法務省の統計によると、在留外国人の人数は２００７年末には２０６万人でしたが、２０１７年末には２５６万人と、約50万人増えています。

しかし、増えているといっても、そのペースは自然減少の比ではなく、人口減少に歯止めをかける効果はほとんど期待できません。

２０１９年４月に改正出入国管理法が施行され、外国人労働者の受け入れ拡大が始まりましたが、政府はその受け入れ目標を「5年で最大34万5150人」としています。これでは、減り続ける日本の人口を穴埋めすることは、とても不可能でしょう。

では、人口が減り続けると、日本にどんなマイナスがもたらされるのでしょうか？

第一に懸念されるのは、日本経済のさらなる停滞です。

日本の経済成長率の低さについては、いまさら説明するまでもないと思います。

ここ数年の日本の実質GDP（国内総生産）成長率を見ると、2014年が0・4％、2015年が1・42％、2016年が0・9％、2017年が1・7％と、ほぼ年1％前後の水準で推移しています（世界銀行調べ、以下同）。

じつのところ、日本の潜在成長率は年1％程度といわれており、ここ数年の実質GDPの低い伸びは現在の〝実力どおり〟と考えることもできそうです。

海外に目を転じれば、中国やインドは年6%以上もの成長率を実現しています。日本と同じように経済が成熟しているといわれている先進国でも、米国やドイツは年2〜3%台の成長を果たしているのです。

日本よりも欧米の国々のほうが高い成長率を実現している理由のひとつは、モノづくりやサービスなどの労働生産性が高いことです。

一般に、国の経済規模は「人口×労働生産性」によって決まるといわれています。

たとえ人口が少なくても、1人当たりの労働生産性が高ければ、経済規模をより大きく

■主要国のGDP成長率の推移

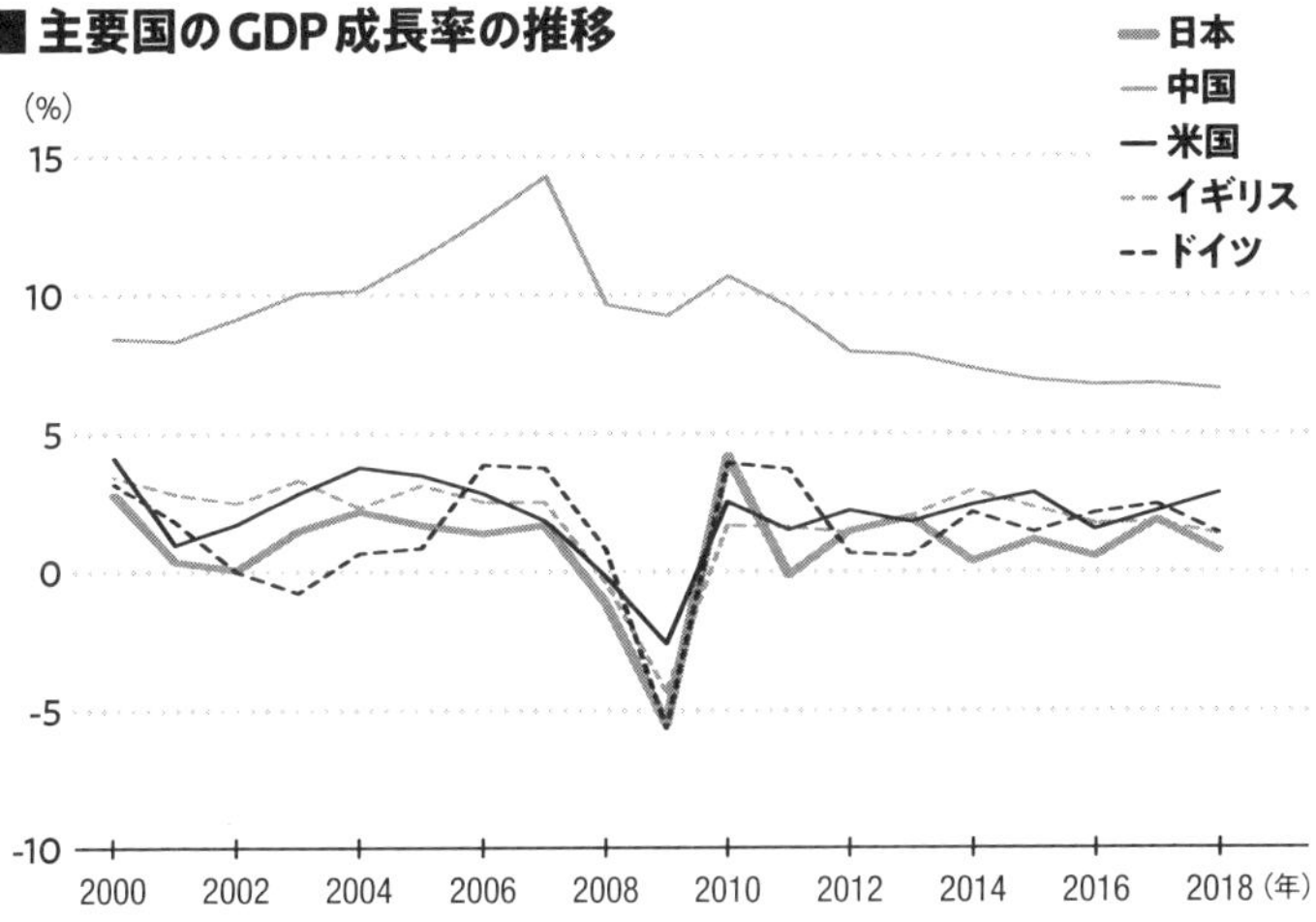

出典：世界銀行「GDP成長率」

することができるわけです。

米国の場合、移民の流入などによって人口そのものが増えているだけでなく、AIやIoTといった最新テクノロジーの活用によって労働生産性も年々上昇しています。

一方、ドイツは、日本と同じように生産年齢人口が減少傾向にありますが、「インダストリー4・0」に代表される生産改革の取り組みによって、労働生産性は日本を大きく上回っています。人口が減った分を生産性で補うことによって、相対的に高い成長率を維持しているのです。

翻ってわが日本を見ると、ここ数年の時間当たり実質労働生産性上昇率は、2014年度がマイナス0・7%、2015年が1・4%、2016年が1・0%、2017年が0・5%と、かなりの低水準で推移しています。

そのうえ生産年齢人口はどんどん減っているのですから、経済成長に勢いが出ないのも無理はありません。

この先、ますます人口減少に弾みが付き、労働生産性も思うように上がらない状況が続いたとすれば、日本経済はじり貧に追い込まれてしまう可能性があります。

日本経済がじり貧に陥れば、言うまでもなく、わたしたちの生活や将来設計にも大きな悪影響が及ぶことになります。所得が思うように増えず、将来のための貯金や資産形成も困難になるかもしれません。

じつはこのところ、生産年齢人口の減少とともに、さまざまな業種で人手不足問題が深刻化しており、パートやアルバイトの給与が上がる傾向もあります。

しかし、そうした人件費の増加分は商品やサービスの価格に転嫁されるので、この先、物価はどんどん上がっていくでしょう。

一般に、そうした物価上昇局面では、給与の上げ幅よりも、物価の上昇幅のほうが上回りやすくなります。企業としては、収入（モノやサービスの売り上げ）をなるべく増やし、費用（人件費など）の上昇は抑えることで、利益の幅を少しでも広げたいという意識が働くからです。

その結果、給与の上昇分から物価の上昇分を差し引いた「実質賃金」の上昇率は抑えられ、場合によってはマイナスとなってしまうこともあるわけです。これでは貯蓄を増やすどころか、むしろ目の前の生活のために、どんどん取り崩すことになってしまうかもしれません。

代表的な例で言えば、昇給止め、賞与（ボーナス）減額・カット、退職金減額などがあります。

以上のように、少子・高齢化は日本経済の成長に大きなダメージをもたらし、それが回り回って、わたしたちの生活にも大きな悪影響を及ぼすことが、よくおわかりいただけたのではないかと思います。

人生100年時代。社会保障費の増大とともに高まる財政破たんのリスク

少子・高齢化によって悪影響を被るのは、日本経済ばかりではありません。

高齢者が増え続ければ、医療や介護などの社会保障負担はどんどん増え続けますし、それによって国の財政負担がますます高まっていくことも、非常に大きな心配事です。

ご承知のように、わたしたちの病気で通院・入院したり、介護を受けたりするための費用は、国が一定の割合で補助しています。現役世代でも、通院・入院にかかる費用の自己負担割合は3割であり、7割を国が負担しているのはご存じのとおりです。

退職した70歳以上の方であれば自己負担割合は2割、75歳以上の方であれば1割になります。その分、国の負担が大きくなるわけです。

これに加えて、わが国では年金を支えるための国の財政負担も急増しています。

先ほども述べたように、日本の公的年金は「一定の積立金に加えて、若年層の支払う掛け金が高齢者に支給される年金の原資になる」という基本設計によって成り立っています。しかし、高齢化の急速な進行によって年金受給者が増える一方、少子化によって「世代間扶養」を担うはずの現役世代が減少し、年金給付の原資が年を追うごとに乏しくなっているのです。

もちろん、国としては「足りないから、年金は払えない」というわけにはいかないので、不足分を財政で補うしかありません。その結果、年金のための予算もどんどん積み上がり、医療費、介護費の増大とともに、わが国の財政を大きく圧迫しているわけです。

厚生労働省の統計によると、年金や医療、福祉その他を合わせた日本の「社会保障給付費」は、1970年には3兆5000億円でしたが、2018年にはじつに121兆3000億円（予算ベース）まで膨れ上がっています。

これほどの金額は、とても税収だけでは賄いきれるものではありません。

日本の国家予算は、過去最大となった2018年度で約97兆円。そのうち税収などの収入で賄えるのは約59兆円です。

増大する社会保障費などを賄うため、国は毎年30兆円前後の国債を発行しており、それ

■社会保障給付費の推移

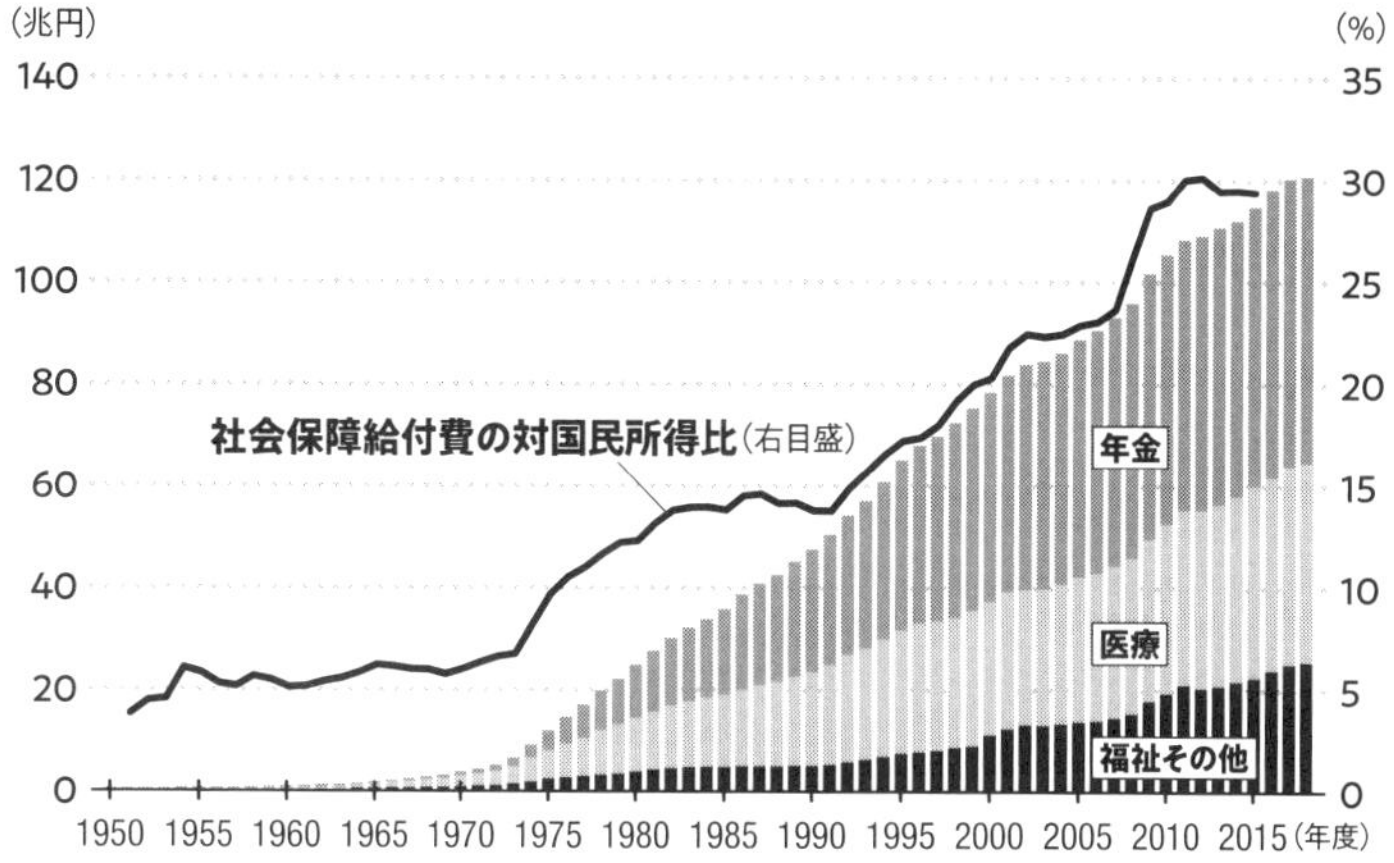

資料：国立社会保障・人口問題研究所「平成27年度社会保障費用統計」
（注）1963年度までは「医療」と「年金・福祉その他」の2分類、1964年度以降は「医療」「年金」「福祉その他」の3分類である。

が積もりに積もって1000兆円以上もの借金を抱えているわけです。

このまま借金がどんどん膨らみ続ければ、いずれ国の財政が破たんするのではないかという懸念もあります。

しかし、それも元をたどれば、少子・高齢化と人口減少という日本が抱える社会構造上の大問題に端を発しているわけです。

残念ながら、この大問題が抜本的に解決される見通しはありません。人口が減り続ける限り、日本経済が力強さを取り戻す可能性は低く、日本の財政も悪化の一途をたどらざ

■一般会計税収、歳出総額及び公債発行額の推移

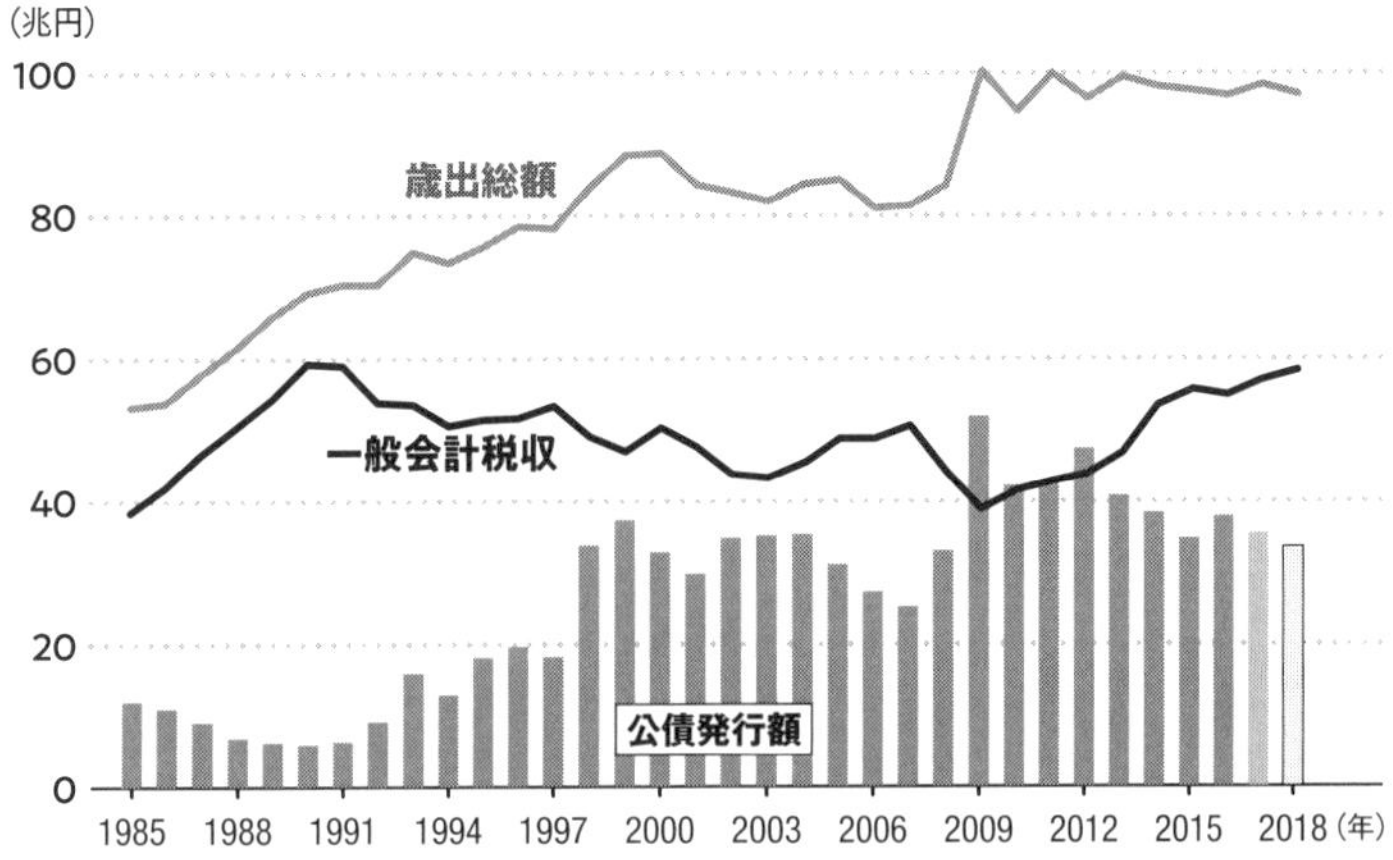

出典：財務省「財政に関する資料」
(注) 2017年は補正後予算額、2018年は予算額

るを得ないのではないかと思われます。

避けられない大増税時代
「将来安定」のカギは早めの自助努力

ここまで見てきたように、急速な少子・高齢化と、それに伴う人口減少が日本にとって避けられないトレンドであるとすれば、わたしたちはそんな状況のなかで、どのように人生を生き抜いていけばいいのでしょうか。

ぜひとも考えていただきたいのは、国に頼ることなく、〝自助努力〟によって生き抜くことです。

少子・高齢化によっていよいよ年金制度が立ち行かなくなり、この先、支給開始年齢の引き上げや支給額の引き下げが行われた場合、年金だけを老後の生活資金として当てにすることは難しくなるでしょう。

乏しくなる収入を補って余りあるだけの収入源を、自助努力によって別に確保しておくことが大切だと言えそうです。その一方で、現役世代のいまのうちに、できるだけ多くの資金を蓄えておくことも非常に大切だと言えます。

年収1000万円以上でも、ポジション維持費用などを含むさまざまな支出を考えると、蓄財に回せるお金はそう簡単に確保できそうにありませんが、「毎月いくら」「1年でいくら」という目標を定めて、少しずつでもお金を貯める努力をしたほうがいいと思います。

そしてもうひとつ、ぜひ検討をお勧めしたいのが「上手な納税」の実践です。

この章の冒頭でも述べたように、年収1000万円以上の高額所得ビジネスパーソンの方は、その所得水準に見合った高い税率で所得税・住民税を納めています。

もちろん、納税は「国民の義務」ですし、納めるべき税金をしっかり納めることは社会的地位を持ったビジネスパーソンとして当然の責任でもあります。

しかし、義務や社会的責任を果たすことによって、自分自身の生活や将来に不安が生じるようなことがあっては望ましくありません。

そもそも、年収1000万円以上を稼いでいらっしゃる方は、相応に日本経済の発展に貢献しているはずです。

たとえその自負はないとしても、高額の給料を与えられるだけの仕事をこなすことによって、人一倍、日本という国を支えてくれていることは間違いありません。

にもかかわらず、「一生懸命働いているのに全然豊かにならないし、お金も貯まらない」というのでは、何のために頑張っているのかわかりません。

せめて、納税負担をもう少し減らせば、いまの生活にもっと余裕が生まれ、将来への蓄えも少しは増やすことができるのではないでしょうか。

じつは高額所得の方々でも、「上手な納税」をすれば、低所得の方に比べて大きな納税額を抑えることが可能です。

たとえば、会社員としての本業の傍ら不動産投資を始めれば、投資によって生じるさまざまな経費（物件取得のための諸経費、減価償却費、利息、管理費など）を、給与と不動産経営による収入から差し引くことで、所得額を抑えることができます。

その結果、国や地方に納める所得税・住民税も減らすことができるのです。

これは、決して〝禁じ手〟でも〝脱税行為〟でもありませんし、国が定めたルール（所得税法第69条損益通算）に則って正々堂々と行える「上手な納税」方法です。

しかも、会社員が不動産オーナーを兼業することは、いわゆる「副業」には当たらないとみなされるので、会社も問題なく認めてくれるはずです。

何より不動産投資は、アパートやマンションを購入して、「住みたい人に貸す」という社会的意義のある投資です。自分自身の生活や将来だけでなく、誰かの生活や将来を支えるための取り組みでもあるわけです。

その意味では、不動産投資は「ノブレスオブリージュ」にかなった取り組みであると言えますし、社会貢献をしつつ、自らの将来への備えも万全になるのですから、理想的な「自助努力」と言えるかもしれません。

わたしたちは、仕事を頑張っている方々は、相応に報われて当然だと思っています。

実際、年収1000万円以上の方々は、その仕事に対する評価として高い収入を得ているわけですが、残念ながら「自助努力」不足によって、せっかくの報いを生かし切れていない方も少なくありません。

本書を手に取っていただいた方にはぜひ一度、「上手な納税」について考えていただけたらと思います。

なぜ、わたしたちがそれをお勧めするかと言えば、高額所得の方々の納税負担は時代とともにどんどん増しているからです。

たとえば、年収２５００万円の方の場合、１９９９年の平均的な所得税納税額は約９２０万円でしたが、２０１７年には約１２２０万円まで増えています。

同じ所得額でも、この20年足らずで所得税

■所得税負担額の推移

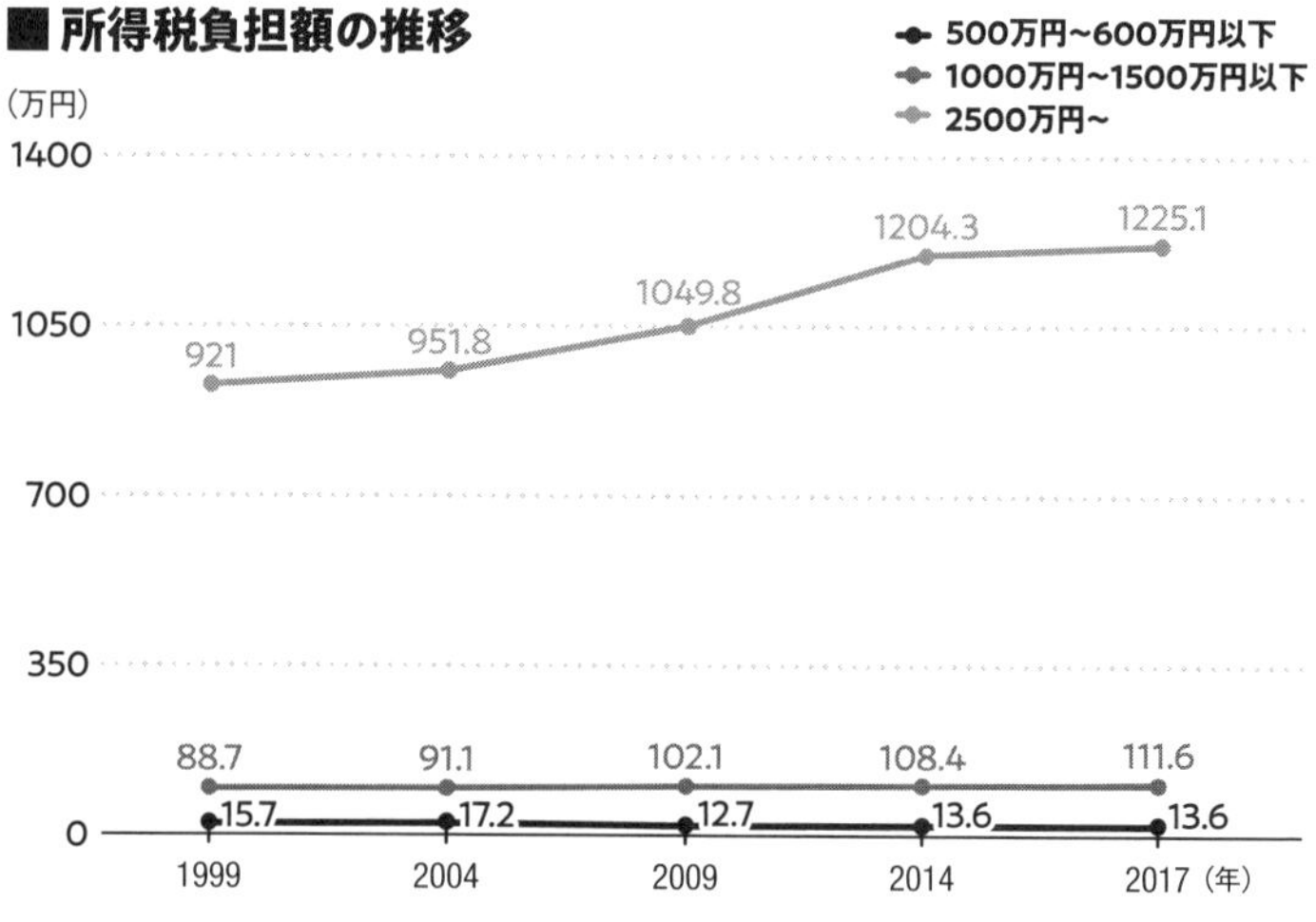

出典：国税庁「民間給与実態統計調査」
(注) 2017年の予測値は14年の数値を基準とし、給与所得控除の上限額引き下げや所得税の最高税率引き上げの影響を考慮した

額が300万円も増加しているのです。

これは、所得税の税率が段階的に引き上げられたことが原因です。

繰り返し述べてきたように、わが国の財政は少子・高齢化とそれに伴う人口減少によって悪化の一途をたどっています。国としては、財政を少しでも改善するため、税率の引き上げなどによって税収を増やさざるを得ないわけです。

それにしても、同じ年収で300万円もの増税というのは驚くべき事実です。

人口減少が今後も長期的なトレンドとして続くことを考えると、さらなる大増税は避けられないでしょう。

そうしたなかで、いまの生活水準を維持しながら、将来にしっかりと備えるためには、「上手な納税」がますます欠かせなくなりそうです。

「お金に働かせる」本当の意味での資産形成

「資産形成」という言葉を聞くと、わたしたち日本人が真っ先に思い浮かべるのは貯蓄ではないでしょうか。

実際、日銀の調べによると、家計の金融資産における「現金・預金」の割合は53・8％と、半分以上を占めています。次いで多いのが「保険・年金・定型保証」で28・6％、「株式等」は9・5％、「投資信託」は3・7％です（日本銀行調査統計局『2018年第4四半期の資金循環（速報）』）。

しかし、先ほども述べたように、預貯金だけではお金は増えません。

利息が年0・001％の普通預金や、年0・01％の定期預金に預けるだけでは、資産形成で大切な「お金にも働いてもらうこと」は、ほとんど期待できないのです。

「お金にも働いてもらうこと」は、「不労所得を確保すること」と言い換えることもできます。ビジネスパーソンにとって、「働いて稼ぐこと」が蓄財の基本であることは言うまでもありませんが、持っているお金を運用することで利息や配当が得られれば、お金がお金を生むことになって、蓄財に弾みが付きます。

さらに一歩進んで考えると、「働かせるお金」を借りるという方法もあります。

たとえば、銀行から資金調達をして投資用の不動産を購入すると、自分の手持ち資金は温存したまま、借りたお金で家賃収入を得ることができます。

もちろん、借りたお金は返さなければなりませんが、月々の家賃収入を返済の原資に充てられるので、手持ち資金にはそれほど手を付けることなく、ローンを完済することが可能です。そして、ローンを払い終えたときには、アパートやマンションという資産が手元に残るのです。

こうすると、手持ち資金の大部分は手つかずのまま残るので、アパートやマンションなどの資産を合わせれば、かなりの規模になるはずです。手持ち資金だけに頼って預貯金に励むよりも、よほど効率的だと言えるのではないでしょうか。

「資産形成」の手段としては、株やＦＸ、仮想通貨といった、預貯金以外の金融商品に投資する方法もあります。

しかし、これらの投資はポピュラーですので、もしかすると本書を読まれている方のなかでもすでに取り組まれている方がいらっしゃるかもしれません。ジャンルとしては、ハイリスクハイリターンの部類ですが、純粋に「元手の資金を増やしたい」という方向けです。

ただし、わたしたちが本書でお伝えしたいのは、本書冒頭にありますとおり、「資産を減らさないための対策」の重要性です。今後拡大し続ける個人支出の増加ロジックに対して行う「ディフェンシブな投資」、わたしたちはこれを「資産セキュリティ対策」と呼んでいます。詳しくは第2章で解説しますが、「資産セキュリティ対策」を求めるのであれば、不動産投資のほうが断然望ましいと言えるでしょう。

元号が平成から令和に変わったものの、まだまだ不安定な現代。資産形成を考えるうえで大切なのは「目標、計画性、安定性」です。最近、「人生100年時代」という言葉をよく耳にするようになりました。医療の急速な進歩とともに、わたしたちの寿命もどんどん延びています。

仮に65歳で定年を迎えても、100歳まで生きるとなると、あと35年は人生が続くわけです。長生きすれば、それだけ必要なお金も増えますし、安定的にお金が入ってくる仕組みが求められるようになります。

不動産投資は、それを無理なく計画的に実現できる有効なソリューションのひとつなのです。

たとえば、都内に区分所有のマンションを1室持っていれば、それだけで月7万〜8万円程度の家賃収入が入ってきます。3室保有すれば、月20万〜25万円です。

ローンを完済すれば、この金額がほぼ全額収入として入ってきますし、マンション自体が1室当たり数千万円の資産として手元に残ります。持ち続ければ、老後の生活費を安定的に確保できるし、まとまったお金が必要なときには、売却して資金を得ることもできるわけです。

何より、国全体で苦渋をなめさせられたバブル崩壊以降、法整備が行われ（評価基準の適正化、国土法など）、不動産の価格や家賃相場が、株やFXなどの相場と比べて安定しているのは、本書をお読みの方にも身近な事実として、安心感を得られるポイントだと思います。

「安定的な資産形成」を実現することを目標とするならば、不動産投資にはそのための要素が、すべてそろっていると言えそうです。

第2章

高所得
ビジネスパーソンが
資産形成を
しなければならない
これだけの理由

「累進課税」でこれだけ変わる納税負担とその仕組み

この章では、年収1000万円以上を稼ぐ高額所得のビジネスパーソンが、なるべく早いうちから「資産形成」をしておいたほうがいい理由と、具体的な「資産形成の手段」についいて解説します。

まずは、「資産形成」をすべき理由について見ていきましょう。

第1章でも述べたように、年収1000万円ほどのビジネスパーソンの方でも、所得税や住民税、社会保険料などを差し引くと、手取りのお金は700万円前後まで減ってしまいます（〝ポジション維持費用〟を含めると、600万ほどにまでなる方もいるでしょう）。

これは言うまでもなく、所得が低い方に比べて税率や社会保険料の額が大きいからです。

日本の所得税は、所得が多い人ほど税率が上がる「累進課税」を採用しているので、高額所得になればなるほど、納める税金も増えてしまいます。その分、生活費や貯蓄などに回せるお金も減ってしまうわけです。

では、累進課税によって、所得税の納税額は実際どのくらい変わるのでしょうか。年収別に計算してみると、次のようになります（各種控除は基礎控除と社会保険控除のみの概算。納税負担では、所得税とは別に「住民税」が課税対象額に対し一律10％かかってきます）。

●年収500万円の場合

給与所得控除後の金額：346万円
課税対象額：258万円
税率：10％
控除額：9万7500円
258万円×10％－9万7500円＝16万500円（所得税額、以下同）

※25万8000円（住民税額）

●年収800万円の場合

給与所得控除後の金額：600万円
課税対象額：478万円
税率：20％
控除額：42万7500円
478万円×20％－42万7500円＝52万8500円
※47万8000円（住民税額）

●年収1000万円の場合

給与所得控除後の金額：780万円
課税対象額：634万円
税率：20％
控除額：42万7500円

634万円×20％－42万7500円＝84万5000円
※63万4000円（住民税額）

●年収1500万円の場合

給与所得控除後の金額：1280万円
課税対象額：1110万円
税率：33％
控除額：153万6000円
1110万円×33％－153万6000円＝212万7000円
※111万円（住民税額）

●年収2500万円の場合

給与所得控除後の金額：2280万円
課税対象額：2030万円
税率：40％

控除額：279万6000円
2030万円×40％－279万6000円＝532万4000円
※203万円（住民税額）

これを見て、あなたはどのように感じるでしょうか。

「年収が増えれば、その分、納める税金が増えるのも当然」だと思う方もいらっしゃるかもしれません。ぱっと見る限りでは、そうした印象を抱くのも無理はないでしょう。

しかし、それぞれの年収の方が、その年収の何割を所得税として納めているのかを見てみると、負担の違いがよりはっきりとします。

●年収500万円の場合

所得税額16万5000円……年収の3・21％
※住民税額25万8000円…年収の5・16％

●年収800万円の場合

所得税額52万8500円……年収の6・60％

※住民税額47万8000円……年収の5・97％

●年収1000万円の場合

所得税額84万500円……年収の8・40％

※住民税額63万4000円……年収の6・34％

●年収1500万円の場合

所得税額212万7000円……年収の14・18％

※住民税額111万円……年収の7・4％

●年収2500万円の場合

所得税額532万4000円……年収の21・29％

※住民税額203万円……年収の8・12％

おわかりでしょうか。

年収500万円の方と1000万円の方とでは、年収に対する所得税額の割合に約5・24倍、年収2500万円の方とでは約33・2倍もの開きがあるのです。

加えて、住民税も比例して上がっていきます。

高額所得を得ているにもかかわらず、「何となく生活が苦しい」と感じるのは、このような納税負担の大きさが一因であると考えられます。そしてその負担感は、今後さらに増していくことが考えられます。

なぜなら、日本の所得税の税率は、これまでも段階的に引き上げられてきた歴史があるからです。

じつは、日本の所得税率は、昔はもっと高めに設定されていました。1983年までは、最高税率は75%だったのです。

その後、バブル景気が沸騰した1984年から段階的に引き下げられ、バブル崩壊後の景気最悪期にあった1999年には、最高税率が37%まで低下しています。

ところが2000年代に入ると、少子・高齢化が進行し、国の財政負担がいよいよ深刻になり始めたこともあって、所得税の税率は再び引き上げられるようになりました。2007年には最高税率が40%となり、2015年には45%に引き上げられて、現在に至っています。

ちなみに現在、所得税の最高税率が適用されるのは年収4000万円以上の方です。仮に年収5000万円だとすると、所得税額は1579万7300円となります。じつに年収の31・6%です。

今後、少子・高齢化や、それに伴う人口減少がますます深刻化するとなると、国の財政負担がさらに重くなっていくことは避けられないと思われます。

そうなると、これからも所得税の税率は段階的に引き上げられていくことになるでしょう。課税負担がさらに重くなる前に、「上手な納税」手段を活用して、少しでも多く将来のための資金を確保しておくのが賢明だと言えそうです。

また、2020年1月1日には、ビジネスパーソンの所得税増税につながる新たな施策として、「給与所得控除」の見直しが実施されます。

「給与所得控除」とは、会社員の方々が給与から一定額差し引くことができる控除のことです。個人事業主で言うところの「必要経費」に当たるものですが、会社員は申告できる必要経費が限られているため、その代わりとして「みなし控除」というものが認められているのです。年収1000万円以上のビジネスパーソンの方にとって気になるのは、もうひとつの改正ポイントである「給与所得控除」の上限額の見直しです。

現在は、給与等収入が1000万円以上の方については、最高220万円までの「給与所得控除」が認められていますが、改正後は給与等収入が850万円以上の方の「給与所得控除」の上限額が195万円までに引き下げられます。これによって、改正前よりも所得税の納税負担が増すことになります。

こうした見直しも現在の日本の現状やこれまでの脈絡を鑑みると、今後段階的に行われていくと仮定しておくほうが、高所得の方は賢明かもしれません。この点から考えても、負担がますます厳しくなる前に、「上手な納税」に取り組み始めることをお勧めします。

高所得ビジネスパーソンが高額納税者であるカラクリ

ここまでお読みになって、日本の所得税は収入が多い方ほど納税負担が重くなっていることと、それによって、生活費や将来のための蓄えが確保しにくくなっていることがよくおわかりいただけたのではないかと思います。

では、なぜ高額所得のビジネスパーソンの方々が、このように一見〝割りを食う〟ように思える仕組みが出来上がっているのでしょうか。

それは、日本の納税の仕組みが「お金を稼いでいる人が、稼げずに苦しんでいる人に手を差し伸べる」という〝助け合いの精神〟を前提としているからです。

大学で経済学を学んでビジネスの世界に入られた方なら、「所得の再分配」という言葉は、一度は目にしたり、耳にしたりしたことがあると思います。

わかりやすく言えば、大企業や高額所得者などの「お金を持っている人」は、その一部を「お金を持っていない人」に渡すことで、誰もが生きていける社会をつくることです。その手段として、高額所得の方はより多くの税金を払い、国や地方公共団体は、それを社会保障給付などのカタチで所得の低い方々に還元するわけです。

近年、「貧富格差」や「貧困」の拡大が大きな社会問題となっていますが、これは資本主義の仕組みのもとで、企業間や個人間の自由な競争が繰り広げられた結果であると言えます。競争に勝った人（勝ち組）がどんどん豊かになり、敗れた人（負け組）は貧しくなっていく。しかも、一度負けてしまうとなかなか再起できず、お金がないから子どもにもいい教育ができないので、貧しさが子や孫の代まで延々と続いてしまうのです。

一方で勝ち組の人々は、手にした資産をもとに事業をどんどん広げ、投資を繰り返すことでますます豊かになっていきます。

その結果、貧富の格差はどんどん開き、格差に対する不満が、犯罪や暴動といった社会不安を招くことになりかねません。

人々をなるべく公平に豊かにし、社会を安定させるためには、自由競争によって開き過ぎた格差を「所得の再分配」によって修正していく必要があるというわけです。

年収の高い人ほど高額の所得税を納める仕組みになっているのは、こうした「所得の再分配」の考え方に基づいているからです。

言い換えれば、高額所得を得ているビジネスパーソンの方々は、その地位に見合った社会的責任を果たすために、高い税金を納めていることになります。

これは名誉なことであると同時に、社会から尊敬される行為だと言えるでしょう。「国民の義務」と言ってしまえばそれまでですが、その義務を果たすことによって、日本という国をよりよくする役割を担っているのですから。

しかし、その一方で、だからこそ自分自身や家族の豊かさや満ち足りた老後を同時に実現させたいというのは、誰しも思うことです。

そのためには、納めるべき税金はしっかりと納めつつ、「上手な納税」によって自分のための資産もしっかり残し、資産形成のことも考えていかなければなりません。

では、「上手な納税」の方法には、どのような種類があるのでしょうか。

以下にて、詳しく紹介していきましょう。

高所得ビジネスパーソンが選ぶべき「上手な納税」の選択肢

あらためて説明しますが、この本で言う「上手な納税」とは、国が設けた制度や特例などを活用して納税額をコントロールし、これからの人生に必要な資産を無理なく形成することです。

「上手な納税」の方法にはいろいろな種類がありますが、ここでは「iDeCo（個人型確定拠出年金）」「ふるさと納税」「住宅ローン控除」「生命保険料控除」「不動産投資」の

5つについて解説します。

iDeCo（個人型確定拠出年金）

iDeCo（イデコ）とは、国民年金や厚生年金といった、すべての国民に加入が義務付けられている公的年金に加えて、老後の暮らしをより豊かにするため、自主的に加入することができる私的年金制度のひとつです。

従来は、自営業者など一部の人しか加入することができませんでしたが、2017年1月に行われた制度改正によって、企業年金に加入している会社員、公務員や専業主婦（主夫）の方でも加入できるようになりました。

公的資金と大きく異なるのは、毎月積み立てる金額（掛け金拠出額）を自分で決めることができる点です。毎月5000円から、1000円単位で設定できます。

拠出額は、年に1回見直すこともできます。給料が少ない若いうちは、月々5000円などに掛け金を抑え、年齢とともに給料が上がれば掛け金を増やすことが可能です。

積立期間は60歳まで。その後、60歳から70歳の間に、年金（分割受け取り）や一時金（一括受け取り）として受け取ることができます。

・iDeCoのもうひとつの特徴は、運用する金融商品を自分で選べる点です。

・iDeCoを運営する各金融機関が提供する運用商品（預貯金、投資信託、保険商品など）のなかから、自分で商品を自由に組み合わせて、掛け金の運用を行っていきます。どの商品をいくらずつ購入する、といった金額や割合を決めることもできます。

運用商品選びで大切なのは、「毎年どれくらいの運用益を求めるか」「損失はどこまで抑えたいか」という方針を定め、それに合った組み合わせを考えることです。

・iDeCoに組み入れられる運用商品のなかには、相場の変動などによって価格が下がるものも含まれています。一方で、価格変動リスクの低い商品は、思ったほど運用成績が上がらないこともあります。そうしたリスク・リターンのバランスを考えて、最適な組み合わせを選ぶわけです。

思いどおりの運用成績が得られないときや、運用方針を見直したい場合は、運用商品の組み合わせを変更することもできます。

ｉＤｅＣｏに加入すると、①掛け金積立時、②運用時、③受取時の３つのステップにおいて、税制優遇措置を受けることができます。

まず掛け金積立時には、掛け金が「所得控除」になります。簡単に言えば年収１０００万円の方が、ｉＤｅＣｏで月々１万円ずつ、年間で12万円積み立てたとすると、その分を差し引いた９８８万円が所得とみなされるわけです。

運用時においては、通常の預貯金や投資信託なら約20％かかる運用益への課税がされません。その分、通常の預貯金や投資信託よりも運用成果が上がり、より多くの資産を形成することが期待できます。

また受取時には、一時金として受給した場合には「退職所得控除」を。年金として分割受給し続ける場合は「公的年金等控除」を受けることができます。一時金を選んだほうが、より多くの控除を受けられるケースが多いようです。

あくまでもケースバイケースですが、3つのステップの税制優遇を組み合わせると、加入期間や年収によっては100万円以上の税負担が軽減されることもあるようです。

ふるさと納税

ふるさと納税とは、ご自身のふるさとや応援したい市町村などに寄附ができる制度のことです。手続きをすると、ご自身が住む自治体の住民税や所得税の還付が受けられるため、「上手な納税」の手段として活用する方もかなりいらっしゃいます。

また、寄附をした自治体から、それぞれの地元の名産品などを「お礼品」として受け取れるのも非常に大きな魅力です。
自治体によっては、Ａ５ランクの牛肉や高級ブランド米、焼き物や染め物などの高級工芸品、宝飾品といったように、寄附金の額を上回る豪華な「お礼品」を送ってくれるところもあり、お得感の高さから、ふるさと納税にはまる人も少なくありません。

ふるさと納税では、一定の寄附金額までは「寄附金控除」の対象となり、所得税や住民税の優遇を受けることができます。

「寄附金控除」の上限額は、年間の給与収入や納税者の家族構成によって決められています。たとえば、「独身もしくは配偶者控除のない共働き夫婦」で年間給与収入が１０００万円であれば上限額は17万６０００円、「夫婦（配偶者控除あり）と子（16歳以上19歳未満）」で年間給与収入が１５００万円であれば上限額は37万７０００円といった感じです。それぞれの上限額から２０００円を差し引いた額が実際の「寄附金控除」となり、所得税や住民税に適用されます。

ふるさと納税の「寄附金控除」を受けるためには、原則として確定申告が必要です。まず、寄附をした自治体から「寄附金受領書」を受け取り、確定申告書類とともに税務署に提出します。

このほか、確定申告をしなくても、各自治体に申請書を提出するだけで住民税の控除が受けられる「ワンストップ特例制度」というものもあります（1年間に5自治体までの寄附に限る）。

ここ数年、寄附金の額を上回るほど豪華な「お礼品」を送ってくれる自治体は、かなり増えてきました。なかには、通販のギフト券や旅行券といった地元の特産品ではない商品を送ってくれる自治体もあります。

自治体としては赤字運営のはずですが、たんに寄附を受けるだけでなく、この制度を利用して自治体そのもののＰＲをしようという狙いがあるようです。

ただし、そうした自治体があまりにも多くなり過ぎたため、国は還元率（寄附金に対する『お礼品』の価値の割合）が3割を超える「お礼品」や、地元の名産品以外の「お礼品」を送った場合は、「寄附金控除」の対象から外すという法改正を行い、2019年6月から実施しました。

これによって、国民側から見たふるさと納税の魅力が減るだけでなく、「上手な納税」の手段としての価値も薄れてしまうかもしれません。

住宅ローン控除

住宅ローン控除は、正式には「住宅借入金等特別控除」というもので、新聞や雑誌、ウェブなどの記事では「住宅ローン減税」と呼ばれることもあります。

これは文字どおり、金融機関から返済期間10年以上のローンを借りて住宅を取得した場合、10年間にわたって所得税の税額控除が受けられる制度です。

制度の狙いとしては、個人の税負担を軽くして、住宅購入を促すことで、国の収入である長期の固定資産税、不動産取得税、のちに売却されるならその際の譲渡所得税の確保、という側面もありそうです。

新築だけでなく、中古住宅の購入や、一定の増改築・リフォーム工事についても、10年以上のローンを組んだ場合には適用されます（各々、適用されるには金額や㎡数など一定の条件があります）。

住宅ローン控除による減税額は、次のように計算します。

年末の借入金残高（上限4000万円）×1％

つまり、年末の借入金残高が2000万円であれば、その年の減税額は20万円、3000万円であれば30万円ということです。

借入金残高は返済とともに減っていくので、減税額も年を追うごとに小さくなりますが、相応の負担軽減効果は期待できるはずです。

住宅ローン控除の大きなメリットは、「所得控除」ではなく「税額控除」である点です。配偶者控除や生命保険料控除などの所得控除は、税額計算の元となる所得から差し引かれるのに対し、税額控除である住宅ローン控除は税額そのものから差し引かれます。たとえば所得税の納税額が100万円でも、住宅ローン控除額が40万円だった場合、納税額は一気に60万円まで減額されるのです。

また、住宅ローン控除額が納税額を上回った場合は、所得税がゼロになるだけでなく、上回った分を住民税の控除に充てることができます（ただし、最大13万6500円までと上限が定められています）。

なお、2019年10月1日に消費税が10％に引き上げられることに合わせて、住宅ローン控除制度も拡充されることが予定されています。

拡充後は、控除期間がこれまでの10年間から13年間に延長され、より長く税制優遇が受けられるようになるのです（２０１９年10月１日から２０２０年12月31日までに入居した場合）。

ただし、最初の10年間の控除限度額は従来と同じ「借入金年末残高（上限４０００万円×１％）ですが、11～13年目については、次のいずれか小さい額が住宅ローン控除の限度額となります。

借入金年末残高（上限４０００万円）×１％　または、
建物購入価格（上限４０００万円）×２％÷３年

ちなみに、万が一、消費税の増税が見送られた場合は、この拡充措置もなくなるものと思われます。というのも、この拡充措置は、消費税増税によって住宅購入需要が冷え込むことを防ぐために講じられるものだからです。

また、予定どおり消費税率が8％から10％に上がった場合、住宅のうち建物部分が2％値上がりするのと同じことですから（土地部分には消費税はかかりません）、建物の価格によっては100万円単位の負担増になることも考えられます。住宅ローン控除が拡充されたとしても、必ずしもお得になるとは限りません。

生命保険料控除

生命保険料控除は、所得税や住民税における所得控除のひとつです。1年間に支払った生命保険料など一定額を所得から差し引くことができます。

保険の種類によって、「一般生命保険料控除」「介護医療保険料控除」「個人年金保険料控除」の3つがあり、それぞれを合計して、所得税では最大12万円まで、住民税では最大7万円までの控除が受けられます。

どれだけ保険に加入しても、受けられる控除は所得税、住民税合わせて19万円と上限がありますし、節税効果もせいぜい数万円といったところです。

年収1000万円以上の方の「上手な納税」手段としては少々もの足りなさがありますが、複数の保険に入っておられる方でしたら、せっかくの手段を活用しない手はありません。

ただし、無駄に保険に入り過ぎると、納税以前に、保険料払いの負担が重くなり過ぎてしまう恐れがあります。

一般に保険は、「人生でマイホームに次いで二番目に大きな買い物」だと言われています。たとえば、毎月3万円ずつの保険料を30年間払い続けると、その総額は1080万円になるのです。

にもかかわらず、あまりに保険に入り過ぎて、どの保険でいくらもらえるのかがわからなくなり、もらえるはずの保険金を無駄にしてしまうようなケースが後を絶ちません。
加入者が亡くなった後で、家族がどの保険に入っていたのかを把握できず、保険金が受け取れなくなるといったことも多いようです。

そうならないように、入り続けておくべき保険と、無駄な保険を一度整理してみることをお勧めします。

不動産投資

数ある「上手な納税」手段のなかでも、最も有効なソリューションのひとつと考えられるのが不動産投資です。

不動産投資とは、その言葉どおり、不動産を購入し、持ち続けることで値上がり益を追求したり、家賃収入を得たりする投資です。

購入したマンションを賃貸すれば、エリアによりますが月々8万〜9万円、年間では90

万〜100万円ほどの家賃収入が入ってきます。買った値段が2800万円であれば、その3〜4%程度のお金が毎年得られるわけです。これを「表面利回り」と言います。

もちろん、不動産市況や立地の状況などによっては、思うように家賃収入が得られなかったりすることもありますが、あらかじめ立地や物件のポテンシャルをしっかりと吟味し、無理のない収支計画を立てれば、株やFX、仮想通貨といったほかの投資よりもリスクを抑えながら、着実に資産を積み上げていくことが可能です（不動産投資とほかの投資の違いについては、後ほど詳しく説明します）。

不動産投資は資産形成のための手段なので、「『上手な納税』とは結び付かないのではないか」と思う方もいらっしゃるかもしれません。

じつは、かなりの効果が期待できるのです。

しかもそれは、高額所得のビジネスパーソンの方にとっては非常に大きな効果です。

なぜなら、投資によって発生するさまざまな費用を確定申告時に給与所得と合算すると、課税される対象の所得を大きく下げることができるからです。

不動産投資を始めると、始めた方はその時点で「事業主」となります。

会社員の方が不動産投資を始めた場合、「会社員」と「事業主」という二足のわらじを履くことになるわけです。

一般に事業主は、さまざまな経費が認められているので納税額を抑えることが可能ですが、会社員はほとんど経費が認められていないので、どうしても課税対象の所得が大きくなってしまいます。そのため税率が高くなり、納税負担も重くなってしまうのです。

そこで不動産を取得し、「会社員兼事業主」という立場になって、不動産経営にかかる経費として計上できる仕組みをつくるわけです。

たとえば、年収1000万円の会社員の方が、経費をまったく付けずに税申告をすると、課税対象の所得は634万円のままになってしまいます。その場合、所得税の税率は20%、所得控除を差し引いた後の納税額は84万500円となります。

※住民税を合わせると、147万4500円。

ところが、不動産投資による計上経費（実際に手元から減るものではない経費）が310万円ほどあったとすると、通常の課税所得からこの経費を差し引いた最終的な所得（課税所得）は324万円となり、所得税の税率は一気に10%まで下がるのです。

この場合、納税額は55万500円ですから、じつに90万円近くも税負担が減ることになります。これだけの金額が〝支出するはずだったもののなかから〟確保できれば、いままでの生活にプラスαで余力が生み出せるはずですし、将来に備えた資産形成にも弾みが付くのではないでしょうか。

ここまで読んでお気づきになられた方も多いと思いますが、不動産投資による「上手な納税」の効果は、年収が多ければ多いほど高くなります。

そのため、ご相談にお越しになられる高額所得のビジネスパーソンの方々のなかには、資産形成のほかに、「上手な納税」を目的として不動産投資を始める方も大勢いらっしゃいます。

高所得者層の方々が、「これから」の人生を組み立てるうえで、「いま」の暮らしに大きな負担をかけずに検討できるところも、不動産投資の大きな魅力であると考えています。

以降でもご紹介していきますが、不動産投資にはほかにもいろいろなメリットがあります。

先に結論からひと言で言ってしまえば、短期的なメリットと中長期的なメリットを「同時」に得られるのが不動産投資です。

不動産投資で得られる「上手な納税」効果とは？

納税額を下げる（課税所得を減らす）ために不動産投資を行うと、具体的にどのような経費が発生するのでしょうか。ひとつずつ見ていきましょう。

減価償却

不動産投資による「上手な納税」効果のなかでも、最も大きな働きをするのが建物の「減価償却」です。

減価償却とは、時間の経過とともに価値が減じていく資産を取得した費用について、耐用年数に応じて帳簿上に費用として計上していく「処理」のことを言います。

たとえば、会社が５００万円の機械を購入した場合、耐用年数が10年なら、その間に50万円ずつ購入費用を帳簿に計上していくことができます（実際に手元から出るお金ではありません）。

同じように、不動産投資で購入した建物についても、法律で定められた耐用年数（法定耐用年数）に沿って減価償却します。

建物の法定耐用年数は、構造によって異なります。最も頑丈なＲＣ造（鉄筋コンクリート造）の場合は47年、鉄骨造は34年、木造は22年です。

耐用年数が短いほど、１年当たりの費用は多くなります。そのため、ＲＣ造よりは鉄骨造、鉄骨造よりは木造のほうが１年当たりの納税負担は低くなります。

一方、耐用年数が短い木造などは、銀行の担保評価がＲＣ造などと比べて下がるケースも多く、購入時の融資が満額でないことがあります。改修費用が比較して多くなるのも特徴です。

また、新築の場合は、建物を建物本体と設備に分けて減価償却することができます。設備の法定耐用年数は最長で15年と短いため、納税負担はさらに抑えられます。

ちなみに、減価償却は「時間とともに価値が減じていく資産」を対象とするものなので、時間が経っても価値が変わらない土地については当てはまりません。

投資用不動産には、1棟もの（アパートやマンションなどを1棟丸ごと購入）、戸建て住宅、区分所有マンション（マンションを1室単位で購入）などがありますが、区分所有マンションであっても、その価格は土地部分と建物部分で構成されています。

ローン返済のうちの利息分

金融機関の不動産投資ローンを利用して物件を購入する場合、返済額のうち利息分を経費として計上することができます。

3000万円の区分所有マンションを金利2％、返済期間35年のフルローンで購入した場合（45年ローンでよりレバレッジが利く金融機関もあります）、元利均等方式でローンを返済すると、初年度の金利分は約59万円となります。

ただし、返済が進むにつれ返済額に占める金利分の割合は下がるので、課税負担は年を追うごとに上がっていきます。これを解決するには、繰り上げ返済などを利用して、早めにローンを完済する方法もあります。

修繕費

故障や破損した設備の修繕費用、入退去時に必要な内装のリフォーム、清掃などの費用も税申告の際に計上できます。原状回復を超えて物件の価値を高めるような修繕を行った場合には、利用可能な年数で減価償却できます。

建物管理費

マンション共用部の清掃や、エレベーターなど共用施設の維持管理にかかる費用です。管理会社に毎月支払いますが、その年間費用を経費として計上できます。

修繕積立金

マンションごとにあらかじめ定められている計画に沿って行われる「大規模修繕」のための積み立て費用です。管理会社に毎月支払いますが、その年間費用を経費として計上できます。

賃貸管理費

入居付け（入居者の確保）や家賃の集金、入居者トラブルへの対応、入退去時の対応など、賃貸業務を代行する会社に支払う代金です。管理会社に毎月支払いますが、その年間費用を経費として計上できます。

火災保険料・地震保険料

ローンを組んで不動産を購入する際には、火災保険や地震保険に加入することが条件となります。これらの保険料も経費として計上できます。

公租公課

居住用の不動産（自宅等）と同じく、不動産オーナーは、その不動産に対する固定資産税や都市計画税、不動産取得税などを納めなければなりません。これらもすべて経費として計上できます。

ローン保証料

ローンの設定に当たっては、その返済を保証するため、万が一のときには返済を肩代わりしてくれるローン保証会社と契約を結びます。この契約のためにローン保証会社に支払うローン保証料も経費計上できます。

税理士費用

確定申告を依頼する税理士に支払う費用です。不動産投資を始めると、確定申告の内容も会社員に比べて複雑になるので、プロの税理士に任せたほうがいいでしょう。この税理士費用も経費として計上できます。

当社もそうですが、不動産会社の顧客サポート体制として、税理士事務所と提携してサポートしている会社もあります。

その他雑費

管理会社への連絡などに使用した電話代の一部、打ち合わせのための飲食費、クルマで物件を見に行く場合はクルマの維持にかかる費用の一部やガソリン代の一部など、意外かもしれませんが、これらも経費計上できます。

必要経費がほとんど認められていない会社員の方にとって、こうした経費が計上できるのも非常に大きなメリットだと言えます。

購入初年度はより効果的な節税になる

以上、不動産投資によって計上できる主な経費を見てきましたが、最も多く経費が計上できて、所得税・住民税の納税負担を抑えられるのは、何と言っても物件を購入した初年度です。

建物の減価償却費は、ＲＣ造の場合は47年と少しずつ償却されますが、その他の費用の多くは全額が最初の年の経費になるからです。

たとえば、２５００万円の新築区分所有マンションを2戸購入した場合、仮に諸費用が２・５％程度かかるとすると約１２５万円になります。これに初年度で３００万円程度の減価償却費が上乗せされたとすると、年収１５００万円のビジネスパーソンであれば、課税所得が1075万円に減るのです。

2年度目以降から、計上できる経費の額が徐々に減っていきますが、それでも毎年課税所得を抑えながら、将来へ向けた資産形成ができるのですから、不動産投資は「上手な節税」の手段として非常に有効だと言えそうです。

団信が付いているから生命保険は必要ない？

また、不動産投資には、「上手な納税」の効果が得られるほかに、「生命保険の見直しに役立つ」という大きなメリットもあります。

住宅ローンを組んでおられる方ならご存じだと思いますが、ローンを組む際には、債務者（返済する人）が死亡した場合や、高度障害を負った場合などに残債を清算できるように、団体信用生命保険（以下、団信）への加入が義務付けられています。

投資用不動産を購入するために不動産投資ローンを借り入れる場合も、同じように団信への加入が求められるのです。

たとえば、金利が年2％、元利均等払いの35年フルローンで5000万円の新築区分所有マンションを購入した場合、3年後に債務者が亡くなったとすると残債額は約4690万円となります。

その後もマンションを持ち続けたい場合、本来なら家族が借金を相続して、返済を続けなければなりません。しかし、団信に加入することで、残債は債務者が亡くなった時点で清算され、家族の方々が返済を続ける必要はなくなります。

しかも、約5000万円の価値のあるマンションが、そのまま家族の手元に残るのです。

約５０００万円のマンションであれば、立地にもよりますが、少なくとも月々10万円以上の家賃収入は見込めるはずです。これなら、遺された家族の生活費の相当部分を支えてくれるはずですし、いざとなったら、物件を売却することによって数千万円単位の資金を確保することができます。

これほど大きな〝保障〟を生命保険で確保しようと思ったら、月々に支払う保険料はかなり大きな額になります。これは不動産投資を新築ワンルームマンションで行う際の月々の支払いと比較すれば一目瞭然です。

つまり、金融機関から資産調達して不動産投資を始めれば、団信に加入することによって、生命保険以上に大きな保障がより少ない支出で得られるわけです。

不動産投資を始めるのをきっかけとして、すでに加入している生命保険の見直しを行ってみるのもいいでしょう（ハードワーカーのなかには、健康面の懸念から、この理由で不動産投資をされる方も多くいらっしゃいます）。

先ほども述べたように、生命保険はマイホームに次いで「人生で二番目に大きな買い物」だといわれています。

不動産投資だけで万が一に備えた十分な保障が得られるのなら、高い保険料を払ってまで、「生存していた場合」は金銭的なメリットがあまりない、死亡保険などを続ける必要はありません。

節税目的で生命保険に入り続ける方もいらっしゃいますが、所得税の生命保険料控除は年12万円が上限ですから、実際の効果はかなり限定的です。むしろ、数多くの保険に入ることによって、必要以上のコスト（保険料）を払い過ぎている可能性もあります。

無駄な生命保険はなるべく解約して、その分を生活費や将来の蓄えに回したほうが賢明だと言えます。

ちなみに、最近の団信には、死亡保障のほかに、がん、脳卒中、急性心筋梗塞の3大疾病をカバーするものや、高血圧症、糖尿病、慢性腎不全、肝硬変、慢性膵炎を含む8大疾病をカバーするものもあります。

亡くなった場合だけでなく、これらの病気によって債務者が働けなくなった場合にも残債が清算される仕組みです。

年収1000万円以上の高額所得ビジネスパーソンの方々は、人並み以上の激務をこなされているケースが多いのですから、これらの特約が付いた団信に加入しておけば、非常に心強いはずです。

逆に前述した大きな疾病以外は保障外ですので、別で医療保険などに加入しておくと、より安心だと思います。

株やFX、仮想通貨などの金融商品で「資産形成」をする場合

ここまで、「上手な納税」方法という観点から、不動産投資の魅力について紹介してきました。

一方で不動産投資には、将来に備えての「資産形成」を促してくれる大きなメリットもあります。

「資産形成」の手段としては、不動産投資のほかに、株やFXなどの金融商品もあります。最近では、ビットコインなどの仮想通貨を売買して、資産を大きく増やしている方もいらっしゃるようです。

では、これらの金融商品と不動産投資を比べると、あなたにとってどちらが「資産形成」に向いているのでしょうか。

結論から言うと、「長期にわたって着実に資産を増やしていきたい」と考えるのであれば、不動産投資がふさわしいと思います。

株やFXは、どちらかと言えば短期で利益を稼ぐための投資です。

株価や為替相場は、その時々の経済情勢や、企業ごと、国ごとの事情によって大きく変動します。半年前まで1万円だった株価が、あっという間に半分の5000円に下がってしまうことも珍しくありません。

もちろん、反対に5000円の株価が、たちまち2倍の1万円になることもあるわけですが、利益を確定し、損失を抑えるためには、そうした株価の動きを絶えずチェックしなければなりません。

ただでさえ本業で忙しい高額所得ビジネスパーソンの方が、そうした時間を捻出するのは困難であるはずです。

株やＦＸ以上に値動きが激しいのが仮想通貨です。

たとえば、代表的な仮想通貨であるビットコインは、２０１７年初めには1ビットコイン＝10万円台だったのが、２０１７年末には２２０万円台まで急騰しました。わずか1年足らずで、約22倍になったのです。

ところがその後、ビットコイン価格は坂を転げ落ちるように急落し、２０１９年3月時点では40万円台となっています。じつに約8割の下落です。

仮に２０１７年末のピーク時に1億円の資産をビットコインに換えていたら、２０００万円に減ってしまっていたわけです。仮想通貨の投資が悪いと言いたいわけではなく、特性として、ハイリスクハイリターンに加えて「ハイスピード」であるという点を押さえたうえで投資をしましょう。

株やFXの値動きは仮想通貨ほど激しくありませんが、それでも大きな金融危機などが発生すると、たちまち資産を大きく減らしてしまうリスクがあります。

2008年の「リーマンショック」では、日経平均がたった1ヵ月半で1万2000円台から7000円台まで急落したのは記憶に新しいところです。

「長期にわたって着実に資産を増やしたい」と考えるのなら、なるべく値動きが少なく、大きなショックが襲っても、価格が急落しにくい投資対象を選ぶのが望ましいと言えるでしょう。

その条件を満たしているのが、不動産なのです。

もちろん不動産の価格も、その時々の相場によって変動します。

しかし、株やFXのように極端に大きく動くことはありません。なぜなら不動産には経済情勢や市況にかかわらず、「住むために買う」「オフィスを開くために借りる」といった、一定の実需が存在するからです。個別に見れば、建物の経年劣化や、周辺の賃貸需要の変化などによって、物件の価格が少しずつ下がっていくことはあります。その場合、家賃収入も徐々に下がっていくことでしょう。

しかし、賃貸ニーズの高い場所を選び、建物や設備のメンテナンスをしっかりと行えば、逆に物件価格や家賃を上げることも可能です。とくに近年は、素材や建築技術などの急速な進歩によって、50年、100年経っても資産価値を保ち続けられるだけの高いクオリティを備えた建物が増えています。

物件の価値が大きく下がらず、しかも月々数万円から数十万円の家賃収入が入ってくるのですから、これほど安定した資産はないと言えるでしょう。

不動産投資のもうひとつの魅力は、「手間がかからない」点です。

詳しくは第4章で解説しますが、信頼できるパートナーを選べば、取得した物件への入居付けや家賃の集金、入居者によるトラブルへの対処、修繕やリフォームといった面倒事は、すべてパートナーに任せられます。

極端な言い方をすれば、投資家の方は、ほとんど何をする必要もなく、毎月の家賃収入が銀行口座に入金されているかどうかをチェックするだけでいいのです。

株やFXなら、相場が大きく動いたときには1日中、パソコンやスマートフォンと向き合わなければなりませんが、そうした手間は一切ありません。これは、日ごろは仕事で忙しい高額所得ビジネスパーソンの方々にとって、好感が持てるポイントではないでしょうか。次の章では、不動産投資の基礎知識や、実際に投資を始めるまでのプロセスについて詳しく解説します。

第3章

不動産投資で自分の資産を賢く守る

高所得者だけの「特別パス」を使って資産形成に弾みを付ける

第2章までは、年収1000万円以上の高額所得ビジネスパーソンの方でも、決して、思いどおりのキャッシュフローで悠々自適な生活ではなく、将来への備えも安心とはいえないこと。

そして、その状況を脱却するためには、なるべく早いうちから将来に向けた「資産形成」を始めておくことが大切であるというお話をさせていただきました。

また、「資産形成」や「上手な納税」のための手段として、不動産投資が非常に有効であるということもおわかりいただけたのではないかと思います。

そこでこの章では、いままで不動産投資を行ったことのない方々にもわかりやすいように、投資の仕組みや始め方について、詳しく解説していきます。

その前に、本書をお読みの年収1000万円以上の高額所得ビジネスパーソンの方々に、ぜひ知っておいていただきたいことがあります。

それは、高額所得の方々には、所得の低い方よりも初期費用が少額で不動産投資が実践でき、より早く資産形成を実現できるチャンスが与えられているという事実です。

これを、高額所得の方々だけが手にできる「資産形成の特別パス」（以下、「特別パス」）としましょう。「特別パス」を持っている方は、持っていない方が各駅停車でコツコツと資産形成をしている間に、新幹線の速さで資産を大きく増やしていくことができます。

これは、仕事を頑張って、ほかの方々よりも多くのお金を稼いでいる高額所得の方々に与えられた特権だと言っていいでしょう。

高額所得の方々は、その所得に見合った社会的義務として、高額の税金を納めています。しかし、ただ世の中に貢献するだけで、何の報いも得られないのでは、それこそ不公平以外の何ものでもありません。

不動産投資における高額所得者限定の「特別パス」は、数少ないけれども、非常に大きな報いのひとつであると言えます。せっかく与えられた権利なのですから、ご自身の資産形成のために生かさない手はありません。

では、ここで言う「特別パス」とは、具体的にはどのようなものでしょうか。

それは、金融機関から与えられる〝与信枠〟です。

不動産投資は、金融機関から資金調達をして物件を購入し、それを賃貸することによって家賃収入を得るというのが一般的な方法です。

数多く物件を購入できれば、その分、毎月得られる家賃収入も大きくなりますが、そのためには、金融機関からより多く資金調達をする必要があります。

しかし、そう簡単にお金を貸してくれるほど、金融機関は甘くありません。借りる人の年齢や家族構成、勤務先、収入、資産状況など、さまざまな角度から属性を吟味して、その人自身の信用力を判定します。

そのうえで、「この人ならいくらまで貸せる」という融資の上限枠を設定するのです。これを与信枠と言います。

どの人にいくらまでの与信枠を与えるのかは、それぞれの金融機関の評価基準によりますが、一般的には年収の8倍から10倍程度です。

つまり、年収1000万円の方であれば、8000万円から1億円程度の借り入れが可能であるということです。

ちなみに、金利についても年収1000万円以上の方については優遇金利（通常より0・5〜0・7%低い）が適用されるなど、与信枠を12倍ほどまで上げる金融機関もあります。高所得者には、スタートの段階でこれだけの差があるのです。

現在、都心の新築区分所有ワンルームマンションの価格は、1室当たり3000万円前後といったところですから、年収1000万円の方であれば、与信枠をフルに活用すれば、頭金なしで2〜3室は買える計算となります。

これが年収500万円の方の場合、与信枠はおよそ5000万円までしか与えられませんから、1室買うのが精いっぱいです。年収1000万円以上の方は、その2〜3倍のスピードで資産を増やすことができるわけです。まさに普通列車と新幹線の違いです。

このスピードというのは、資産形成において非常に重要なポイントです。

本書をお読みの方のなかには、若くして年収1000万円以上を達成された方もいらっしゃると思いますが、40～50代でその地位を手に入れた方もおられるでしょう。

資産形成はなるべく早いうちに始めるのが理想ですが、高額所得者限定「特別パス」があれば、多少乗り遅れたとしても巻き返しは可能です。

不動産投資に限らず、まだ資産形成について取り組まれていない方は、与えられた与信枠を有効に使って、いまからでも老後に備えた「資産形成」を検討してみてはいかがでしょうか。

金融機関から資金調達をして投資できるのは不動産投資だけ

前の章で、株やＦＸ、仮想通貨などの金融商品と、不動産投資のメリット、デメリットについて詳しく解説しました。

金融商品は相場の影響を受けやすく、相場が下がれば資産が大きく減るリスクがあるということは、よくご理解いただけたのではないかと思います。

その点、不動産は実需に支えられているので価格が比較的安定しており、資産を保全しやすい点が大きな魅力です。

「資産形成」においては、もちろん増やすことも大切ですが、「大事な資産をいかに減らさないようにするか」ということのほうがもっと重要です。

物件そのものの価格や家賃収入が安定した都会のワンルームマンションなどを投資用物件として購入すれば、資産の目減りはかなり抑えられるはずです。

そしてもうひとつ、不動産投資には、金融商品では絶対にありえない大きなメリットがあります。

それは、「金融機関から資金調達して投資ができる」という点です。しかも、自宅などと違い、「連帯保証人も共同担保も一切不要」です。

投資経験のある方ならご存じでしょうが、「株やFXをする」という目的でお金を貸してくれる金融機関はありません。先ほども述べたように、これらの金融商品では相場の変化や運用次第で、資産が大きく減ってしまう恐れがあるからです。

その点、不動産投資は金融商品に比べてリスクが低めですし、たんなる投資ではなく、「不動産賃貸業」という事業としての性格を帯びています。

さらに不動産投資では、物件という現物の担保を確保することもできます。これらの点から、金融機関は不動産投資についてはかなりの長期でお金を貸してくれるわけです。

自分のお金を使わず、金融機関から調達したお金だけで投資ができるというのは、運用効率を考えると非常に有利です。

自己資金を大きく取り崩して投資に回す必要がないので、その分、いまの生活や資金計画に負担をかけずに、将来に備えた資産形成に着手できます。

また、現在ほかの投資をすでにされている方であれば、不動産投資との合わせ技によって、資産形成に弾みを付けることも可能になるわけです。

わたしたちの会社には、年収1000万円以上の高額所得ビジネスパーソンの方々が比較的多く「資産形成」のご相談にいらっしゃいますが、こうした不動産投資の魅力を知って、実際に始められる方が大勢いらっしゃいます。

自己資金をほとんど投入することなく、安定的な資産形成を実現できることや、「上手な納税」によって資産セキュリティ対策に着手できる点に、大きな魅力を感じるようです。

なかには、ローンの繰り上げ返済や、十分に収益を上げた物件を売却することによって与信枠を広げ、より多くの物件を購入するというステップを繰り返し、資産を着実に増やしている方もおられます。投資で得た利益で投資規模を目的に向かって拡大していくイメージです。そうした好循環が回るのも、高額所得の方々は、より多くの資金を金融機関から好条件で資金調達できるという「特別パス」を持っているからです。

将来を見据えて、投資で資産形成に取り組むにあたり、投資方法を検討している方は、「年収1000万円以上の高所得者」「金融機関」「不動産投資」、この三要素の親和性の高さを、ぜひ忘れずに覚えておきましょう。

東京五輪後も安定的な都心の不動産需要

ところで、いざ不動産投資を検討するとなると、どうしても気になるのは「これからの不動産需要はどうなるのか」という点でしょう。

ここまで繰り返し述べてきたように、日本ではいま、急速な少子・高齢化と、それに伴う人口減少が進行しています。

人口が減れば、「家に住む」という需要も次第に衰えていくに違いありません。

そうなると、物件は取得したものの、入居者が確保できず空室が増えてしまい、1人でも多くの入居者を付けるために、家賃を下げざるを得なくなるといったリスクが高まりそうです。前者を「空室リスク」、後者を「家賃下落リスク」と言います。

実際、そうしたリスクは、すでに地方において顕在化しています。

ご承知のように、高齢化や人口減少は、首都圏や関西圏といった大都市圏よりも、地方のほうが急速に進行しています。

ここ数年、節税や相続対策のために地方で一棟ものの木造アパートなどを建設することが一大ブームとなっています。木造一棟ものは建築費が安いので、年7～8％前後という高い表面利回りを確保できます。そうした高い収益力にも魅力を感じて、アパートを建設する地方の土地オーナーの方が増えているのです。

しかし、アパートを建ててはみたものの、入居してくれる方がなかなか確保できず、空室に苦しんでおられるオーナーの方も少なくありません。

ただでさえ人口が少ないのに、ブームに乗って雨後の筍のようにアパートが次々と建設された結果、入居者の奪い合いが激しくなっていることも、空室の増加を促しているようです。

おそらくこの状況は、今後ますます深刻化していくことでしょう。なぜなら、人口減少に苦しんでいる地方では、ゴミの収集や公共交通機関の運行といった行政コストを抑えるため、遠隔地の住民を街の中心部に移住させる「コンパクトシティ化」が進むと思われるからです。

コンパクトシティ化が進むと、その範囲から外れた地域には行政サービスが行き渡りにくくなるので、そこに住みたいと思う人はますます減っていきます。仮にそういう場所にアパートを建ててしまったら、かなりの経営立て直し期間や資金が必要になる可能性があります。

では、これから不動産投資を始めるとすれば、どの地域に狙いを定めるべきなのでしょうか。

やはり、狙い目は首都圏や関西圏、中京圏などの大都市圏、なかでも人口の一極集中化が進む東京です。

全国的には人口減少が進む日本ですが、東京は地方からの流入によって人口が増え続けています。東京都の人口は、1995年には1177万人でしたが、2019年2月には１３８６万人と、この20年余りで２割近くも増加しました。とくに中心部である東京23区内での人口増加が顕著です。

また東京では、人口だけでなく、世帯数も大きく増えています。

１９９５年には５０５万世帯でしたが、２０１８年には７０９万世帯と約４割も増加しました。人口の伸びよりも、世帯数の伸びのほうが大きいことがわかります。

これは、核家族化や晩婚化などの影響によって、単身生活者が増えていることが大きな原因のひとつです。経済の一極集中化とともも

■東京の人口／世帯数推移

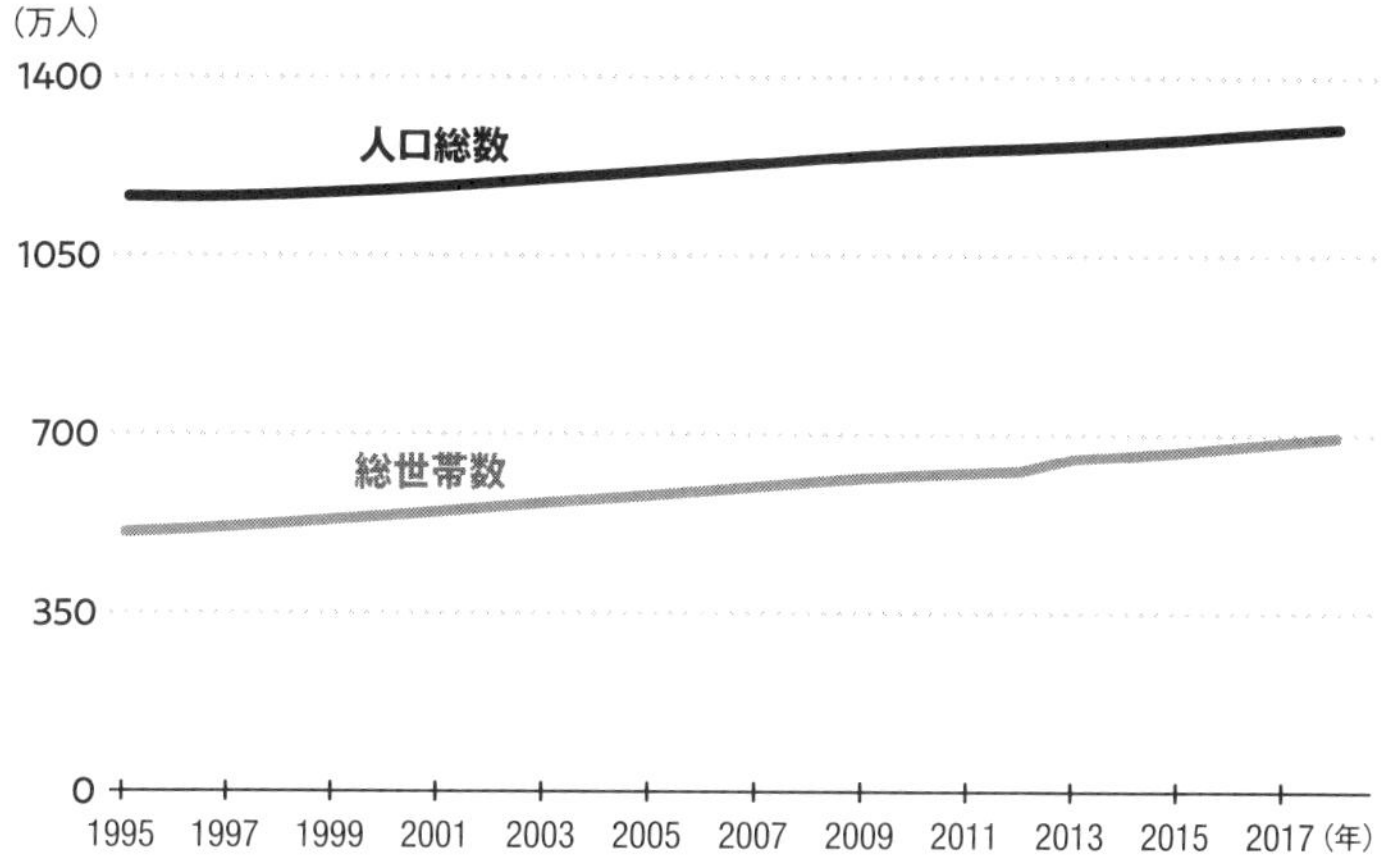

出典：東京都総務局「住民基本台帳」

に、地方からの単身赴任者や、老後を都会で暮らそうと考える高齢者が地方から流入していることも大きいでしょう。

不動産需要は、人口の増減もさることながら、世帯数の増減によって大きく変わります。その意味で、世帯数が増え続けている東京は、不動産投資に最も適した場所であることは間違いないと言えます。

気になるのは、この状況が今後も続くのかどうかという点ですが、おそらく東京の人口増や世帯数増のトレンドが大きく変わることはないでしょう。

先ほど「コンパクトシティ化」の話をしましたが、視野を日本全体に広げると、東京への人口の一極集中は、全国から東京への「コンパクトシティ化」が進んでいる状況であるとも言えます。少子・高齢化と人口減少という社会構造上の変化が続く限り、東京を目指す〝民族大移動〟の動きに歯止めがかかることは考えられません。

しかも東京には、さらなる人口流入を促す国の政策や、大きなイベントがいくつも控えています。

代表的なものは、言うまでもなく2020年に開催される東京オリンピック・パラリンピック（以下、東京五輪）です。

56年ぶりに開催されるこの〝世紀のスポーツイベント〟に向けて、いま東京では、新たなビルの建設ラッシュが進み、道路や鉄道などの社会インフラも再整備が繰り広げられています。ただ新しい建物がつくられるだけでなく、交通の便の改善やバリアフリー化といった利便性の向上が図られ、さらに暮らしやすく、ビジネスがしやすい街に変貌を遂げているのです。

そうした暮らしやすさ、ビジネスのしやすさを求めて、より多くの人が東京を目指すようになることは間違いありません。

よく、東京五輪の後に、東京の不動産価格は下落するのではないかという話を聞きます。一時的に調整することはあるかもしれませんが、先ほども述べた人口流入のトレンドが続くことを考えれば、長期的には東京の不動産価格は安定、もしくは上昇するのではないかと見ています。

東京・大阪・名古屋 エリアごとに異なる投資先としての魅力

東京

2020年に開催される東京五輪に向けて、いま東京都心では、各地でさまざまな都市再開発プロジェクトが進行中です。

いずれもビジネスや生活の利便性を高めるための再開発ですが、これによって周辺のマンションはますます人気を集め、物件価格の安定や高い入居率、家賃相場の維持に結び付きそうです。

代表的な再開発プロジェクトのいくつかを紹介しましょう。

虎ノ門新駅プロジェクト

都内でも有数の注目スポットである「虎ノ門ヒルズ」の足元には、東京メトロ日比谷線の新駅である「虎ノ門ヒルズ駅」が、２０２０年の東京五輪開催前に供用開始予定です。新駅が最終的に完成するのは２０２２年度の予定ですが、これによって虎ノ門周辺のビジネスタウンとしての利便性はさらに高まることでしょう。

また、虎ノ門ヒルズを囲む形で３棟の超高層タワーも建設されており、こちらは２０１９年中に竣工する予定です。

オフィスを供給するビジネスタワーのほか、約６００戸の住戸を供給するタワーマンションも併設される予定で、新駅を起点に周辺エリアの人気がさらに高まるものと期待されています。

山手線新駅プロジェクト

ＪＲ山手線の田町駅と品川駅の間にも、２０２０年春の供用開始を目指して新駅の建設が進められています。新駅の名称は、約６万４０００件の一般応募のなかから「高輪ゲートウェイ駅」に決まりました。

山手線に新駅ができるのは１９７１年の西日暮里駅以来で、じつに49年ぶりのこととなります。

ＪＲ東日本は、この新駅を玄関口として総面積13ヘクタールにも及ぶ広大な敷地を開発しており、高さ１６０ｍ級のビル８棟が並ぶという大がかりなものとなる予定です。この開発エリアには「グローバル ゲートウェイ 品川」というコンセプトが掲げられ、「世界中から先進的な企業と人材が集い、国際社会に受け入れられる街」を目指しているそうです。

「ひとつの街ができる」という大規模な再開発により、近隣も含めたエリアが大いに活性化するものと期待されています。

大手町再開発

日本のビジネスの中心地である東京・大手町も、東京五輪に向けて大きく変貌を遂げつつあります。超が付く大規模計画がいくつも進行しており、街の雰囲気そのものにも変化が感じられるようになりました。

オフィスビルだけでなく、「星のや東京」や「アマン東京」に代表されるホテル、サービスアパートメント、商業施設なども次々と建設され、平日だけでなく、日曜・祝日も賑わう街となっています。

まだ少し先になりますが、2027年にはJR東京駅前に61階建て、390mという高さ日本一を誇る超高層ビルが完成する予定です。「常盤橋街区再開発プロジェクト」と名付けられた同計画の予算は1兆円超と、破格の規模を誇っています。

開発が加速する湾岸エリア

近年開発が進められてきた湾岸エリアも、東京五輪を控えてそのスピードが加速しています。もともとは工業地帯として栄えてきたエリアですが、江戸時代には下町として栄え、月島や佃島などの街並みには、いまもその情緒が残されています。都会的な利便性と住み心地のよさを兼ね備えていることから、マンションの入居希望者にも非常に人気の高いエリアです。

最近では、とくに豊洲、有明、東雲、辰巳などのエリアで開発が進んでおり、江東区の人口は2010年から2040年までに約4万人も増えると予想されています。

その他

いまのところ大規模な再開発プロジェクトは行われていませんが、わたしたちがとくに注目しているのは蒲田をはじめとする大田区です。

蒲田は羽田空港に近く、都心にも山手線や京浜急行などで直結していることから、今後、ビジネスパーソンの居住エリアとして人気が高まるものと考えられます。

2029年度に予定されているJR東日本の「羽田空港アクセス線（仮称）」が開業すると、空港や都心へのアクセスはさらによくなるでしょう。

そのため、地方から東京への転勤者や、海外から日本にやってくるビジネスパーソンの住宅地域として発展する可能性があります。

また、かつての蒲田は下町的なムードが漂う街でしたが、最近はおしゃれなレストランやバーなども増えて、若者なども集う街に変貌を遂げつつあります。

同様に、かつては下町だったのに、おしゃれな街になってきているエリアとしては、北千住、赤羽などがあります。

こうしたエリアは、若い単身者に好まれやすいので、ワンルームマンションに投資をすると安定収益が得やすいのではないかと思われます。

このほか、最近では神奈川県や埼玉県、千葉県などの周辺部でも投資用不動産の需要が高まり、活発に取引が行われています。

大阪

首都圏以外で、投資用不動産の取引が活発なのは関西圏です。そのなかでも最も有望なエリアと言えば、やはり大阪でしょう。

ここ数年、首都圏の不動産市場が活発化し価格が上昇したため、まだ不動産価格が相対的に低い大阪に資金が流入しつつあります。その結果、大阪の中心部では物件価格が右肩上がりで上昇し、新しい物件も次々と建設されています。

2025年には「大阪万博」が開催されることが決定し、カジノを含むＩＲ（統合型リゾート）の招致も実現するのではないかと期待されています。これらの巨大イベントや施設が新たな〝呼び水〟になって、大阪経済をますます活性化させ、不動産市場もさらに盛り上がる可能性があります。

そもそも大阪は、西日本の中心都市として、経済や文化面で大きな地位を占めています。京都、奈良、神戸など、周辺の観光エリアへのアクセスもよいことから外国人観光客も急増しており、大阪の不動産を購入する外国人投資家の動きも活発になっているようです。そのため、マンションだけでなく、ホテルなど宿泊用不動産の開発や取引も非常に盛んです。

また、ワンルームマンション投資に絞って東京と比較すると、地価が比較的安い大阪は、物件価格に占める土地の割合が半分程度しかありません。そのため、土地の割合が6〜7割に及ぶ東京に比べて地価変動の影響を受けにくく、安定的な投資を行うことが可能です。

わたしたちが大阪以外の関西圏で注目しているエリアは、滋賀県の草津市周辺と、兵庫県の西宮市です。

草津市は琵琶湖の南東部に位置し、その昔は東海道、中山道の分岐・合流点の宿場町として繁栄しました。現在もJR東海道新幹線、東海道本線、名神高速道路、国道1号線などの主要鉄道や幹線道路が通る交通の要衝であり、京都・大阪にも、名古屋にもアクセスが非常にいいのが大きな魅力です。

琵琶湖の美しい景観や地域の温かさなどから、近畿で「最も住みやすい街」に選ばれるなど、隠れた人気エリアです。

西宮市も、住宅情報サイトの「住みたい街ランキング」の関西版で2019年まで7年連続でトップに選ばれるほど人気の高いエリアです。

大阪や神戸に近いというアクセスのよさはもちろん、東京や地方からの転勤者が多いので子どもが学校になじみやすい、難関校受験のため塾や乳幼児の能力開発教室などが多く、子育てがしやすいといった点も、人気が高い理由のようです。

名古屋

リニア中央新幹線の開通を2027年に控える名古屋では、名古屋駅前エリアの大規模再開発が進んでいます。

リニアが開通すれば、東京まで40分、大阪まで27分と、2大都市との時間的距離がぐっと縮まります。これによって名古屋の経済はますます発展することが見込まれており、新たに進出する企業のためのオフィスビルやマンションなどが次々と建設される予定です。

三菱UFJリサーチ&コンサルティングの報告書では、品川―名古屋間のリニア開通による全国の経済効果を約10・7兆円（50年便益）と予想しています（三菱UFJリサーチ&コンサルティング「リニア中央新幹線が引き起こす地域の議論に期待」2009年4月27

日）。

自動車産業をはじめとする製造業が強い名古屋エリアは、アベノミクスによる円安や景気拡大によって有効求人倍率が全国的に見ても非常に高いレベルで推移しており、働き口が多い都市であることがうかがえます。

総務省統計局発表の２０１５年の労働力調査によると、愛知県内38市のうち９割の36市で「総人口に占める労働人口の割合」が全国平均を上回っています。

急激に少子・高齢化が進む時代にあって、若い働き手が減らない名古屋は不動産投資の有望エリアと言えそうです。

また、働き口が多い土地柄のせいか、名古屋エリアでは、ワンルームマンションだけでなくファミリータイプマンションの需要も高いようです。

その他の地方都市

地方の投資用不動産の特徴は、何と言っても物件価格が安いことです。

同じ与信枠でも、東京ではせいぜい新築区分所有マンションが2～3室程度しか買えないものが、地方であれば4～5室や、一棟もののアパート・マンションが購入できるケースが珍しくありません。物件価格が安いので、表面利回りも年7～8％と都市部の物件に比べて高くなります。

ただし、先ほども述べたように、地方では思ったような賃貸需要が見込めず、表面利回りは高くても、空室や家賃下落のリスクにさらされる可能性があることも考えておく必要があります。

地方の物件を取得するのであれば、なるべく賃貸需要が見込める大都市にエリアを絞り込むべきです。

北海道であれば札幌、東北なら仙台、北陸なら金沢、中四国は広島、九州は福岡といったように、それぞれの地方の中心都市の物件に狙いを定めるのがいいでしょう。各道府県の県庁所在地も、それなりの需要が見込めるはずです。

地方都市のなかで、当社がとくに注目しているのは札幌と福岡です。いずれも、それぞれの地方における〝一極集中〟現象によって人口流入が続いていますし、どちらも非常に人気の高い観光都市なので、外国人観光客も増えています。

東京の投資用不動産価格の上昇とともに、比較的価格の安い札幌、福岡の物件を購入する動きは広がっていますが、それでも東京に比べれば物件価格はまだ割安です。

その分、高めの表面利回りが期待できますし、人口流入が続く札幌、福岡であれば空室や家賃下落のリスクはかなり低いと言えます。

　また、大都市圏だけでなく、地方にも物件を取得すると、地震や災害などで物件を失う天災リスクの分散効果も期待できます。

　ひとつの場所に集中して物件を持つと、その場所が地震や洪水などに襲われたら、すべての物件を失ってしまいかねません。

　震災や洪水がいつ、どこを襲うかわからない国に住むわたしたち日本人にとっては、場所の分散も非常に大切だと言えます。

投資用不動産がますます活性化
海外からの投資マネー

　政府が進める訪日外国人誘致の取り組みによって、2018年に日本を訪れた外国人の数は、前年比8・7%増の3119万人になりました。

2009年の679万人から、この10年で一気に4・5倍まで増えたことになります（日本政府観光局調べ）。

政府は、東京五輪が開催される2020年に訪日外国人数4000万人を目指していますが、目標は射程圏内に入ったといえるでしょう。

観光客の増加とともに、ビジネスで日本を訪れる外国人や、日本に住んで仕事をする外国人の数も増えています。

当然ながら、ホテルや外国人向け住宅の需要も高まりますし、これが東京など都市圏で不動産投資が活発化する大きな要因のひとつとなっています。

また、観光で訪れた外国人のなかには、日本の雰囲気や暮らしやすさに魅力を感じ、セカンドハウスとして日本のマンションを購入する方もかなりいらっしゃいます。

さらに、実需目的だけでなく、投資目的でマンションを購入する外国人も少なくありません。そのため、東京や大阪などの都市部ではここ数年、外国人を主な顧客とする不動産会社も増えているようです。

外国人の投資家にとって、日本の投資用不動産の魅力は、何と言っても表面利回りが高いことです。

海外の主要都市では、物件価格の高騰によって表面利回りが低下傾向にあり、とくに不動産市場の活発な台湾や香港、シンガポールなどでは、表面利回りは年2～3％といった水準です。

これに対し東京の投資用不動産は、物件価格が上がったとはいっても、ほかの海外の都市に比べればまだまだ安く、年4％前後の表面利回りは得ることができます。こうした日本の不動産の割安さが、多くの外国人投資家を惹きつけているようです。

また、政情や物価が非常に安定していること、日本人は真面目な国民性で家賃滞納が少ないことなど、価格面以外の魅力も大きいと認識されています。

自国の政情に不安を感じる外国人にとって、日本に不動産を持つことはリスクヘッジとしての意味が大きいため、日本人から見ると「価格が高く家賃収入とのバランスが悪い」と思えるような物件でも、あまりこだわらずに購入する傾向があるようです。

東京や大阪などの大都市圏では外国人居住者も増えており、日本の物件を購入する外国人のなかには、「自国民向け」として投資するケースも多く見られます。

日本人の感覚では老朽化が目立ち、空室が心配されるような物件でも、自国の基準では問題ないと判断する外国人は少なくありません。

こうした外国人による投資需要も、ここ数年の不動産市場を活性化させている要因のひとつとなっていることは間違いありません。

訪日外国人数が今後も増えていけば、外国人の不動産投資需要がますます高まることは十分に考えられますし、外国人労働者の受け入れ拡大などによって外国人の入居希望者が増えれば、需要拡大の動きにさらに拍車がかかるでしょう。

今後、さらなる不動産価格の上昇によって、東京の投資用不動産の表面利回りが3％以下に下がれば、自国の物件の表面利回りと大差なくなるので、多少需要が衰えるかもしれませんが、それまでは外国人による日本の不動産への投資ブームは続くのではないかと見ています。

投資用不動産にはどのような種類があるのか？

以上、ここ数年の不動産投資の市場環境や、投資用不動産を購入するに当たって検討したい人気エリア、有望エリアなどについて見てきました。

ところで、ひと口に投資用不動産と言っても、マンションやアパートのような住居系から、オフィスビル、商業施設、倉庫・工場などさまざまな種類があります。

そのなかでも、ビジネスパーソンの方々が手掛けやすいものは、やはり住居系でしょう。

そこで、住居系の投資用不動産にはどのような種類のものがあるのかについて見ていきましょう。

物件の選び方によって投資効果は大きく違ってくるので、特徴をよく理解したうえで選択することが大切です。

〈新築物件 vs 中古物件〉

投資用不動産を購入するに当たって、まず大きな選択肢となるのは、新築物件を選ぶか、それとも中古物件を購入するかということです。

それぞれのメリット、デメリットを見比べてみましょう。

新築物件

新築物件のメリットは、何と言っても建物や設備が新しいことです。そのため、当面不具合が起こるリスクは低く、万が一不具合が発生したとしても、保証を受けられるので安心です。

新築のワンルームマンションであれば、購入先はマンションを開発したデベロッパーになります。個人から購入する中古物件と異なり、デベロッパーが販売する新築物件には「住宅の品質確保の促進等に関する法律（品確法）」に基づいて売主が建物の重要な瑕疵（損傷や欠陥など）については10年間保証することが義務付けられています。

また、ガス給湯器やエアコンなどの設備についても、メーカーの保証が付いているので安心です。

一方、デメリットとして挙げられるのは、やはり価格の高さです。

中古のワンルームマンションであれば、築年数や立地によっては1000万円以下で購入できるものもありますが、都心の新築ワンルームマンションの場合、最低でも3000万円前後はします。その分、資金調達をして購入した場合、月々の返済額は大きくなるので、家賃から返済を差し引いたキャッシュフローはどうしても小さくなってしまいます。最近では、月々のキャッシュフローが数千円から1万円程度のマイナスになってしまうケースも珍しくありません。

また、買値があまりにも高いと、売却の際に利益(キャピタルゲイン)を上げるのが難しくなる可能性もあります。

一方で、新築物件は金融機関からの資金調達がしやすいのもメリットです。

経年によって建物の価値や家賃収入が下がっている中古物件はローンが付きにくく、自己資金を入れないと購入できないケースも多々あります。

中古物件

新築物件とは対照的に、中古物件の最大のメリットと言えるのは価格の安さです。

価格が安い分、表面利回りは高くなり、ローンを組めた場合は月々の家賃収入（インカムゲイン）から返済額を差し引いたキャッシュフローが大きくなります。

ただ、中古のため、当然銀行からの担保評価も下がり、購入資金の全額を融資してもらえず、キャッシュを多く必要とするケースも多いです。

また、新築と違って個人から購入するため、建物や設備の不具合に対する保証は一切受けられません。仮に不具合が発生した場合は、自分で修理するしかなく、そのコストによって収益が減ってしまいます。

建物や設備の状態は物件によって大きく違うので、購入の際にはしっかりチェックする必要があります。

一般に1980年代後半から1990年代初めのバブル景気の時代に建てられたワンルームマンションは、面積が狭く、バス・トイレ・洗面台が一体になっている「3点式ユニット」が大半を占めています。こうしたタイプは最近ではあまり人気がないので、家賃設定はやや低めになりますが、物件価格も安いので相対的に高い利回りが期待できます。

これに対して、2000年以降に建てられた築浅物件は全般的に面積が広めで、家賃も高めに設定できるという特徴があります。

〈ワンルームマンション vs ファミリータイプマンション〉

マンションには、大きく分けると単身者向けのワンルームと、家族向けのファミリータイプの2種類があります。それぞれの賃貸需要はエリアによって異なるので、立地に合わせた選択が重要となります。

ワンルームマンション

その名のとおり、ひとつの部屋（ワンルーム）にトイレ・バスやキッチンスペースなどが付いているタイプのマンションです。

対象となるのは学生や独身のビジネスパーソン、単身赴任者など。そのため、通勤・通学に便利な駅や大学の近く、学園都市などに多く見られます。また、最近では高齢の単身者のニーズも高まっています。

以前は、バス・トイレ・洗面台一体型の「3点式ユニット」、1口の電熱式コンロが付いた簡易なキッチンというのが一般的な設備で、広さも15㎡程度でした。

しかし、最近ではバス・トイレ別、キッチンにも料理しやすい工夫が凝らされるなど、居住性の高い物件が増えています。広さも25㎡前後と、かつてのワンルームに比べるとかなりゆったりしています。この程度の設備や広さがないと、なかなか入居者が確保できないという事情もあるようです。

ワンルームマンションのメリットは、同じマンションでもファミリータイプに比べて価格が安いことです。生活に必要な機能をコンパクトな空間に収めるため、1室当たりの価格は低めに設定されています。

価格が安いので、同じ1億円の与信枠でも、ファミリータイプなら1〜2戸分しか買えないものが、ワンルームなら2〜3室は購入できます。その分、空室リスクを分散できるというメリットもあります。

そもそもワンルームは需要が高く、空室になりにくいというのも投資家にとってはとても重要なポイントです。先ほども述べたように、東京などの大都市圏では若年層や単身者の流入が続いており、人口減少時代においても安定的な需要を保っています。

さらにワンルームマンションには、価格の安さと底堅い需要から「売りやすく、現金化しやすい」というメリットもあります。中古としても買い手が多く、取引が活発に行われているので、投資を手じまいしたくなったら、いつでも売り抜けることができるのです。

そのため、購入時から出口戦略を描きやすく、インカムゲイン（家賃収入）とキャピタルゲイン（物件の売却益）を合わせた実現性の高い収支計画をしっかり立ててから投資を始めることが可能です。

ファミリータイプマンション

単身者を対象とするワンルームマンションに対し、文字どおり家族（ファミリー）を対象とするのがファミリータイプマンションです。

子どもがいない夫婦などの世帯を対象とする２ＤＫから、複数の子どもがいる世帯を対象とする４ＬＤＫ程度まで、間取りも広さもさまざまです。

立地もさまざまで、ワンルームマンションと同じように都心部や駅近に立地する物件もあれば、駅から離れたバス路線エリアに立地する物件もあります。

通勤・通学に便利であることを優先する家族がいる一方、「評判のいい学校の近くに住みたい」「緑の多い落ち着いた環境で子育てがしたい」といった要望で、あえて駅から離れた場所を選ぶ人も少なくないからです。

このように、ファミリータイプなら都心部や駅近以外でも需要が見込めるので、立地の選び方次第では購入価格を抑え、利回りを高めることも可能です。

それでも、一般にファミリータイプマンションは、ワンルームマンションに比べて価格が高いというデメリットがあります。間取りや広さがある分、入退去時のリフォーム費用もワンルームに比べて高く、修繕積立金などの出費も多めです。

ワンルームマンションと比較すると、ファミリータイプの中古は「投資物件として」の人気はそれほど高くないため、機動的な転売には不向きという特徴があります。

また、単身者と違って、家族が引っ越す時期は4月と10月に偏っており、その時期に入居を確保できないと、空室期間が長引きやすくなるというリスクもあります。

〈物件の構造別のメリット・デメリット〉

マンションやアパートなど住居系投資用不動産の構造には、大きく分けるとＲＣ造（鉄筋コンクリート造）、鉄骨造、木造の３つの種類があります。

構造によって建物の強度は異なり、それに伴って法定耐用年数（減価償却期間）も変わります。ＲＣ造の法定耐用年数は47年、鉄骨造は34年、木造は22年で、法定耐用年数が長くなればなるほど、減価償却による税負担の軽減効果も長く続きます。

このほか、それぞれの構造には次のような特徴があります。

ＲＣ造

最も頑丈な構造で耐震性にも優れていますが、その分、建築コストは高額になります。ワンルームマンションの大半はＲＣ造です。

鉄骨造

鉄骨で柱や梁などを構成する構造です。強度、建築コストともにＲＣ造と木造の中間程度で、「丈夫さ」と「安さ」を兼ね備えているとも言えます。鉄骨の厚みによって「重量鉄骨造」「軽量鉄骨造」に分けられます。

木造

一般的な戸建て住宅やアパートなどに多く用いられる構造です。強度はＲＣ造や鉄骨造よりも低めですが、建築コストは最も低いというメリットがあります。木造の場合、火災や倒壊などのリスクが比較的高いため、エリア、立地、建物構造等に建築基準法の制限が強くあるのも特徴です。

〈区分所有 vs 一棟買い〉

投資用不動産の買い方には、「区分所有」と「一棟買い」の2種類があります。マンションなどを1室単位で購入し経営するのが区分所有、1棟丸ごと購入して経営するのが一棟買いです。

区分所有

区分所有の最大の特徴は、必要とする資金が一棟買いに比べて少ないことです。一棟ものの場合、中古木造アパートでも数千万円以上、新築RC造のマンションなら数億円はかかりますが、新築ワンルームマンションの区分所有であれば3000万円前後から、中古のワンルームなら数百万円から購入できます。

比較的手が届きやすい価格なので、売却する際に短期で買い手が付きやすいというメリットもあります。

一方で、区分所有は空室リスクを分散できない点に注意が必要です。一棟ものであれば、複数の戸数があるので、1~2戸空室が出たとしても家賃収入がゼロにはなりません。しかし、区分所有は1室なので、空きが出てしまったら収入が途絶えてしまいます。

このリスクを抑えるためには、複数のワンルームを取得するという方法があります。与信枠が1億円の高額所得ビジネスパーソンであれば、2~3室のワンルームマンションを一度に購入することもできます。これによって、空室リスクを2分の1、3分の1に抑えるわけです。

もっとも、先ほども述べたようにワンルームマンションは賃貸需要が安定しているので、空きが出てもすぐに埋まる可能性が高いはず。ですから、空室リスクはあまり心配する必要はないかもしれません。当社もそうですが、賃貸管理手数料を少し上乗せした家賃保証プランがある会社もあります。

一棟買い

一棟買いは、数千万円、数億円の購入資金が必要なので、どうしても買える人が限られてしまいます。年収1000万円以上の高額所得の方でも、与信枠は8000万円から1億円ほどなので、一棟新築の購入は区分新築とは違い、金融機関の融資だけでは、とても厳しいのが現状です。

中古木造アパートであれば購入できるかもしれませんが、新築に比べて空室リスクが高まる恐れがあります。

ただし、一棟ものは複数の戸数があるので、空室リスクをある程度分散できます。

一棟買いのもうひとつの特徴としては、「経営判断を自分だけで下せる」という点があります。区分所有の場合には、マンションの共用部が老朽化しても、1人の意思だけでリフォームをすることはできません。外壁の劣化や手すりの錆びなどが目立ち、空室リスクが高まってきたと思えるケースでも、区分所有であればなかなか対応できませんが、一棟買いなら独断で実行できるのです。

以上のように、投資用不動産にはさまざまな種類があり、それぞれにメリット・デメリットがありますが、年収1000万円以上の方々が初めて不動産投資を検討するなら、イニシャルコストも少なく、運用開始後も状況に合わせた機動性と柔軟性があるワンルームマンションの区分所有ということになるのではないでしょうか。

ワンルームなら、安定した賃貸ニーズが期待できるので家賃収入を持続しやすく、売りたいときには、所有物件の立地が悪くなければ、買主がすぐに見つかるので出口戦略が立てやすいのも魅力です。

複数のワンルームを持っておけば、空室リスクの分散効果が得られるだけでなく、1室は持ち続けて家賃収入を確保し、もう1室はいざというときに売却して、まとまった資金を得るといったように柔軟かつ積極的な運用をすることもできます。

長い人生の間にはさまざまな出来事があり、その都度、ライフプランを見直す必要が生じますし、わたしたちもそういったご相談をよくいただきますが、ワンルームマンションのさまざまな変化に柔軟に対応できる特徴を生かした提案をさせていただくことも多くあります。

投資用不動産の価値が決まる利回りとは？

ここまで、投資用不動産の魅力を判定する尺度として、「利回り」という言葉を何度も使ってきました。

利回りは、投資用不動産が「どれだけ稼ぐ力を持っているか」を知るための基本的な指標です。

その最も基本となる「表面利回り」は、次の計算式によって算出できます。

年間家賃収入÷物件購入金額×１００（％）

たとえば、２０００万円の新築区分所有ワンルームマンションを購入し、月々８万円の家賃収入（年間で96万円）を得ると、表面利回りは年４・８％となります。

96万円÷２０００万円×１００（％）＝４・８％

物件購入金額は、預金で言えば「元本」と同じです。

預金をするときには、いくらの元本に対して、「年何％の金利が付くのか」というのが投資効率の目安となりますが、これと同じように、表面利回りを見ると、「いくらの投資額（物件購入金額）に対して、何％のリターンが得られるのか」ということが判定できます。

お気づきの方も多いと思いますが、投資用不動産の表面利回りは、物件購入金額が安くなればなるほど、または、年間の家賃収入が多くなればなるほど上がります。

つまり、いかに安く物件を取得し、家賃を高く設定できるかが、投資の収益性を高めるうえで重要なポイントとなってくるわけです。

また、利回りには、家賃収入を物件購入金額で単純に割る表面利回りのほかに、家賃収入に諸費用や税金などを引いて物件購入金額で割る「実質利回り」もあります。

実質利回りは、購入にかかるすべてのお金をもとに算出するので、より正確に収益性を導き出せます。

ところで、表面利回りや実質利回りは、あくまでその物件が「どれだけ稼げるポテンシャル（潜在能力）を持っているか」を判定するためのものであり、利回りが高いからと言って、手元にお金がたくさん残るとは限りません。

実際にどれだけお金が手元に残るのかというのは、キャッシュフローで判定します。

たとえば、月々の家賃収入が8万円に対し、ローン返済額が6万円だったとすれば、月々のキャッシュフローは2万円です。

月々のローン返済額は、借入時に自己資金（頭金）を増やすか、返済期間を長くすることによって減らすことができます。

2000万円のローンを金利年2％、20年返済で借りる場合、フルローンであれば月々の返済額は約10万1000円ですが、頭金を2割入れて1600万円の借り入れにすれば、月々の返済額は約8万円まで下がります。

さらに返済期間を20年から35年にすれば、月々の返済額は約5万3000円と、およそ半分になるのです。

仮にこの物件の家賃収入が月8万円だったとすると、返済額が10万1０００円の場合は毎月2万1０００円の赤字、返済額が8万円の場合は収支はトントン、返済額が5万3０００円の場合は毎月2万7０００円の黒字ということになります。

まだ若い方であれば、なるべく返済期間を長くして月々のキャッシュフローを増やすのが得策であるということがわかります。

逆に35年もの長期ローンが組めない40代後半から50代、60代の方であっても、一定の頭金を入れれば月々のキャッシュフローを増やせるわけです。

40代以上の方々は、すでにある程度の自己資金を蓄えているはずですので、その資金を有効活用して〝時間を買う〟のです。

家賃収入とローン返済額の差（キャッシュフロー）が黒字になるか、赤字になるかについては、「イールドギャップ」という指標で判定することもできます。

イールドギャップとは、投資用不動産の表面利回りと、それを購入するために借り入れるローンの金利との差（ギャップ）です。

たとえば、物件の表面利回りが年4％、ローン金利が年2％だったとすると、イールドギャップは2％ということになります。

ギャップがプラスに大きくなればなるほど収益力は高くなり、マイナスに大きくなると赤字がどんどん膨らんでしまいます。

不動産投資においては、表面利回りだけでなく、これらの指標を総合的に判断しながら、しっかり収益を得られるような収支計画をつくり上げていくことが大切です。

物件選びの外せないチェックポイント

投資用不動産は、区分所有マンションでも1室当たり2000万〜3000万円はする大きな買い物です。これから不動産投資を始める人にとって、そんな大きな買い物をするのは不安に感じることと思われますが、ポイントを押さえて立地や建物の状況をしっかりチェックすれば、必ずいい物件が見つかるはずです。

以下、区分所有マンションを例に挙げて、立地と建物それぞれのチェックポイントを解説します。

〈建物の周辺状況をチェックする〉

空室リスクを抑え、安定的な入居や家賃収入を確保するためには、何はともあれ、立地が非常に重要です。ワンルームマンションであれば、入居してくれる単身のビジネスパーソンや学生にとって人気のある場所かどうか、人口流入は続いているかといったことをしっかりチェックする必要があります。

建物の間取りや設備は、後からでもリノベーションやリフォームで変えることができますが、立地条件だけは自分の力ではどうにもできません。言い換えれば、「いかにいい立地を選ぶか」ということが、その後の収益を決定づける重要な第一歩となるのです。

最近では、東京に住んでいる人が大阪の物件を購入するなど、なじみのないエリアで不動産投資を手掛けるケースも増えています。

そうした場合は、なおさらしっかりと立地を調べておくことが大切です。可能な限り現地に赴いて、次のような点をチェックしてみましょう。

チェックポイント①　最寄り駅までのアクセス

入居者が通勤・通学などの利便性を重視するワンルームマンションの場合、とくに大事なのは都心部や最寄り駅へのアクセスです。

最寄り駅からは徒歩10分以内であることが絶対条件だと言えます。わたしたちの経験則によると、10分を超える物件は入居付けが極端に難しくなるからです。

不動産広告の「徒歩○分」という表示は分速80ｍを前提としているので、最寄り駅から半径８００ｍ以内の物件であれば、徒歩10分以内の条件を満たしていると言えます。それでも気になる方は、実際に歩いて時間を計ってみましょう。

歩くついでに、駅から物件に至るまでの街や通りの雰囲気をじっくりと確かめてみてください。

「街灯がきちんとついている」「歩道が広く安心して歩ける」などの様子が確認できたら、

女性や高齢者でも安心して住めるはずなので、より幅広いニーズがある物件だと判断できます。

チェックポイント②　単身者が好む施設の有無

ワンルームマンションを希望する単身者は、ファストフード店やコンビニエンスストア、コインランドリーなどをよく利用する傾向があります。

ただし、女性の入居希望者をメインターゲットにする場合、居酒屋やカラオケ店、スナックなどが周囲にあると好まれにくい傾向があるので、注意が必要です。

チェックポイント③　街の雰囲気

不動産広告やパンフレットの写真を見ただけではわかりにくいのが、実際の街の雰囲気です。おしゃれな街並みが好きな人もいれば、下町が好きな人もいるので、街並みに良し悪しはありませんが、なるべく万人受けするような雰囲気の場所を選んだほうが、入居者は確保しやすいと言えます。

チェックポイント④　近隣の開発計画

街並みについては、現在だけでなく将来の姿も把握しておきたいところです。大きな開発が予定されているなら、街が活気づき、需要が高まるかもしれません。

反対に、大きな工場が建設される計画などがあると、工場従業員の入居が期待できる半面、騒音で入居率が下がる心配もあります。

〈建物をチェックする〉

「自分ならこんな部屋に住んでみたいと思うだろうか」と、入居者目線で共用部や専有部をしっかりチェックすることが重要です。

チェックポイント①　外観は第一印象を重視する

建物の外観については、細かな部分よりも全体の第一印象をチェックしましょう。なぜなら、入居希望者は第一印象で物件を判断することが多く、最初に与えるイメージが悪いと空室率が高くなりやすいからです。ひと目で見て、「清潔感はあるかどうか」「明るい印象かどうか」などを判断してみてください。

次にチェックするのは、建物の老朽化の度合いや修繕の必要性です。手すりなど金属部の錆び、外壁のはがれなどは修繕が必要かどうか詳細に確認します。

廊下に入居者のものと思われる私物が放置してある場合は注意が必要です。マナーを守らない入居者がいる物件はトラブルが多く、家賃の滞納なども起こりがちです。

チェックポイント②　専有部の広さ

専有部の広さは、物件のパンフレットに示されている数字や図面だけでは判断できません。数字上の面積は狭めでも、無駄のない間取りや天井の高さなどによって、十分な広さが感じられる物件もあります。

言うまでもなく、入居者には「広々とした物件」が好まれますが、狭めでも広く感じられる物件であれば、取得価格を抑えつつ、高い入居率や安定した家賃収入を確保しやすくなるはずです。

チェックポイント③　間取りの使い勝手

最近のワンルームマンションは、専有部の面積を広めに取り、その分、バス・トイレ別や広い収納スペースの確保など、使い勝手のよい間取りを実現しているものが多くあります。実際の使い勝手は見てみないことにはわからないので、入居者目線でしっかりチェックしましょう。生活動線を意識しながら確かめてみることが大切です。

チェックポイント④　設備の充実

単身者が住まいを決めるうえで、設備の充

■単身者向け物件

1位	インターネット無料
2位	宅配ボックス
3位	エントランスのオートロック
4位	備え付き家具・家電
5位	浴室乾燥機
6位	ホームセキュリティー
7位	独立洗面化粧台
8位	防犯カメラ
9位	ウォークインクローゼット
10位	システムキッチン

出典：「入居者に人気の設備ランキング」（2018年版）

じつは大きなポイントとなります。ちなみに「全国賃貸住宅新聞」が毎年発表している「入居者に人気の設備ランキング」(2018年版)では表(前ページ)のような設備が人気を集めています。

投資用不動産を購入する際の流れ

不動産投資を始めるに当たっては、購入前の目標設定から、目標にかなった物件の選定、購入、運営、売却に至るまでの流れを最初に確認しておくことが大切です。

具体的な流れについて解説します。

①資産形成の目的・目標の設定

不動産投資は、「はじめに物件ありき」ではありません。投資を始めることによって、

「いまの生活や将来をどうしたいのか」という目的や目標を定め、それを実現するためには、どのような物件を取得して、いかに資産を形成していくべきなのかという計画を家族と一緒に立てることが大前提です。たとえば、「50代半ばまでに不動産を中心に10億円の資産をつくり、仕事は早期退職して、残りの人生は家賃収入を得ながら悠々自適で暮らす」というように、目的と目標を明確に定めることで、ブレのない計画を立てやすくなります。

②資金計画の確認

保有している資金と調達できる資金に加え、住宅ローンや自動車ローンなどの負債状況も確認しながら資金計画を作成します。専門的な知識を利用すると、より詳細でリスクの小さい資金計画を作成できるので、ファイナンシャルプランナー（ＦＰ）などの専門家に相談するのもお勧めです。

③物件に関する情報収集

さまざまなルートを利用して物件を探し、気になる物件があれば積極的に資料を取り寄せます。

④事業者への問い合わせ

購入したい物件が見つかったら、事業者に問い合わせます。

⑤営業担当者に相談

信頼できる営業担当者に出会えたら、資産形成の目的や目標を共有したうえで、物件購入について積極的に相談します。

⑥物件の内覧や現地の確認

購入したいと思える物件が見つかったら、内覧し、立地を詳細に視察します。設備なども含めて物件の状態を確認することで、購入後のリフォームの必要性や費用なども予測できます。

⑦収支計画・資金計画の作成

自身の資金計画に照らして、購入後の収支をシミュレーションします。納税負担をどれだけ抑えられるか、購入後に追加資金が発生する可能性はあるかなど、できるだけ細かく現実的な数字を予想しながら計画を立てることで、予想外の事態が起きるリスクを最小化することができます。

⑧購入申し込み

売主側から物件に関する重要事項説明を受け、契約条件の調整を行います。そのうえで、問題がないと判断できたら購入の申し込みを行います。

⑨融資審査の申し込み

金融機関に対して、融資が受けられるかどうかの審査を申し込みます。

⑩売買契約（ローン特約付）

融資の目処が立ったら、売買契約を締結します。万が一融資が受けられなかった場合を想定して、期間内に融資が成立しなかったときは違約金等が発生しない旨の特約を付けた契約にしておくと安心です。契約時には手付金や仲介手数料の半金（購入先が不動産仲介事業者だった場合）、売買契約書に添付する印紙代などが必要になります。また、100万円から物件価額の1割程度の手付金を納めます。

⑪融資契約締結

融資の審査に通ったら、金融機関との間で融資契約を結びます。融資契約を締結する際には、契約書に貼付する印紙代のほか、ローン事務手数料、ローン保証料、団体信用生命保険料、火災保険料などが必要です。

⑫物件の引き渡しと登記

代金の決済を行い、売主から物件の引き渡しを受けます。不動産仲介事業者や司法書士、金融機関の担当者も同席します。所有権移転登記や抵当権設定にかかる費用、仲介手数料の半金（購入先が不動産仲介事業者の場合）も必要です。

⑬物件の経営で家賃収入取得

投資用不動産のオーナーとして物件の経営を行い、月々の家賃収入を受け取ります。入居付けや家賃の集金、入居者および建物の管理などを管理会社に委託すれば、手数料はかかりますが、ほぼ何もすることなく家賃収入だけを受け取れます。

⑭売却して最終的な収支を確定

あらかじめ立てた投資計画に従い、物件を売却します。ローン残債を支払い、保有期間に得た家賃収入と通算すれば、最終的な収支が確定するので、手元に戻った資金をもとに次の投資計画を進めます。

詳しくは後述しますが、現在の不動産価格や家賃相場、ローン金利の状況などを考慮すると、物件を購入してからおおむね15年程度で、それまでの納税負担の軽減分、家賃収入、物件の売却額などの合計がローンの残債を上回り、トータルの損益がプラスになって売却益が得られるようになります。

つまり、15年を不動産投資の「ワンサイクル」とし、それを何度か回しながら投資を繰り返せば、資産を徐々に増やすことができるのです。

年収1000万円の方なら、最初に購入できるのはおそらくワンルームマンション3～4室程度、金額にすれば1億円前後ですが、時間をかけながら投資のサイクルを重ねることによって、リタイヤするまでに資産を5億円、10億円に増やすことも不可能ではありません。

次の章では、その方法についても詳しく解説します。

第4章

自分よりも自分のニーズに目ざとい。そんなパートナーを選ぶ

「いまの生活」のための資金と「将来への備え」が確保できる

ここまで、年収1000万円以上のビジネスパーソンは、高所得にもかかわらずなぜあまりゆとりがないのか？　いまのままで老後の生活は大丈夫なのか？　安心の老後に備えて、いまからどのような手を打っておくべきなのか？　などについて考えてきました。

答えとして見えてきたのは、高所得者層にポジショニングしたら、なるべく早い時期から「安定的な資産形成」を進めておくこと。そして、その手段としては不動産投資が非常に有効だということです。

この章は、本書をお読みの方々が、ご自身のいまの生活や、今後、資産形成を検討するうえでご参考になるよう、当社のお客さまであるAさんと、わたしとの対談形式で進めていきます。

Aさんのプロフィールは次のとおりです。

年齢　35歳
職業　ITベンチャー企業の取締役
年収　1500万円
資産　3000万円（預貯金、株式など）
家族　奥さま（専業主婦）、お子さま2人（3歳の女の子と1歳の男の子）

Aさん　いまの会社に勤めてもうすぐ5年になります。入社したころは小さな会社だったのですが、開発した製品が大ヒットして急成長を遂げ、わたし自身のポジションや年収もあっという間に高くなりました。

でも、毎月100万円近く、ボーナスも合わせると年間で1500万円も給料をもらっているのに、生活にゆとりができたとか、将来に対する安心感といった実感はあまり持てていません。

笠原　なぜだと思いますか。

Aさん　ＩＴベンチャーだからということもありますが、一番大きいのは、やはり手取りが少ないことでしょうね。毎月の給与明細を見ると、給与は１００万円近く稼いでいますが、そこから税金や社会保障費を差し引くと、手取りはたった70万円ほどしか残りません。

４人家族なので生活費はそれなりにかかりますし、取締役という立場上、業界内外の方々といろいろなお付き合いがあるので、月70万円というのは実際にいろいろやろうとすると、正直「ゆとり感」はありません。

子どもたちはいずれ学校に入りますし、できることならいい学校に通わせたいので。お受験の準備を始めようかと思っています。そうなると、ますます出費が増えて何かと我慢しなければならないかなと。

笠原　将来に備えた資産形成として、何か投資はしていますか？

Aさん　学生時代から株に興味があって、ハイテクなどベンチャー企業の株に投資してきました。それと、社会人になってからコツコツお金を貯めています。株と預貯金を合わせて3000万円ぐらいになっています。

笠原　なるほど。ところで、なぜ不動産投資を始めようと思ったのでしょう?

Aさん　預貯金と株だけでは、思うようなペースで資産が増えないからです。給与収入だけで、いまの生活を維持しながらとなると、将来のためのお金がなかなか蓄えられません。

それで、株で増やそうと思ったのですが、「リーマンショック」のときに大きく減らしてしまって……。

株は好きではあるのですが、株価は当然つねに上がったり下がったりするので、仕事が大変な時期や、家庭でイベントがある時期と重なったりすると、精神的によくありません。もっと安心して、着実にお金を増やせる方法はないかと思って、不動産投資に興味を持ったのです。

笠原　おっしゃるように、不動産投資は株などに比べると、比較的安心してできる投資だと言えます。不動産価格は株価のように大きく動くことはありませんし、現物資産の代表格なので、投資効果もある程度予測することができますからね。

不動産投資を始めると、「ゆとり感がない」とおっしゃっているいまの生活も、わりとすぐに目に見えて変わると思いますよ。

Aさん　えっ？　なぜですか？

笠原　月々の家賃収入が入ってくるのはもちろんですが、不動産投資を始めることによって、減価償却をはじめとするさまざまな経費を計上できるからです。

これらの経費を確定申告すれば、月々の給与から天引きされていた税金の一部が戻ってきます。つまり、いままで毎月当たり前に引かれていた住民税が少なくなり、年に一度、ボーナス級の所得税還付があるので、「使えるお金」を大きく増やすことができるわけです。

Aさん　税負担がラクになるというのはありがたいですね。じつは、入社してからの5年間で、会社の成長とともに給料がどんどん増えていたのですが、それと同時に納める税金の額もどんどん大きくなっていることに驚いていたのです。じつは妻に言われて気づいたんですが。「えっ、こんなに税金で取られるの？」って（笑）。

笠原　日本の所得税は「累進課税」方式なので、所得の多い人ほど税負担は重くなります。Aさんのように給料がどんどん上がっている方は、年を追うごとに税負担が増していくことを肌身で実感することが多いようですね。

言い換えれば、高所得の方ほど、不動産投資によって納税負担を抑えるメリットは大きいと言えると思います。

わたしたちがお客さまによくご説明するのは、不動産投資は「いまの生活」と「将来への備え」の両方に役立つ投資である、ということです。

税負担を抑えることで「いまの生活」に必要なお金を確保する一方、不動産という資産を持つことで、家賃収入という「将来への備え」も確保できます。

Ａさんは、将来に備えるために株への投資を始めたとおっしゃいましたが、不動産を持っておけば、より安定的なインカム（家賃収入）によって、より具体的な将来設計が可能です。

不動産投資は、株やＦＸなどの金融投資に比べて税制上のメリットが多いですし、価格が非常に安定しているので、手堅く資産形成ができます。

Ａさんがいま、不動産投資を検討されているタイミングについて言えば、ご年齢的にもとてもよい時期だと思います。

バブル期とはまったく違う不動産投資の「出口戦略」

Aさん　ところで、わたしのような年収、資産規模の場合、どの程度の不動産投資が可能なのでしょうか。

笠原　ローンを借り入れて物件を購入する場合、金融機関によって異なりますが、だいたい年収の8倍から10倍ぐらいまで借りることができます。

Aさんは年収1500万円ですから、1億2000万円から1億5000万円といったところですね。

現在、都心の新築ワンルームマンションは1室当たり3000万円前後なので、与信枠を目いっぱい使えば4～5室が購入できる計算です。

ただし当社の場合、与信枠を目いっぱい使うことは、あまりお勧めしていません。少し余裕を残しておいたほうが、後々、何かあったときに対処しやすくなるからです。

たとえば、「価格が非常に安く、表面利回りが高い掘り出し物の物件が見つかった」という情報が入ってきても、与信枠がいっぱいだと買えません。せっかくの掘り出し物をみすみす逃してしまうことになるわけです。

また、Aさんはまだ30代ですので、これからマイホームを購入されることになるかと思いますが、与信枠が不足していると住宅ローンが組めなくなる可能性があります。

何事も、「いざというとき」のために余裕を持っておくことが大切なのです。

Aさん　なるほど。

笠原　そもそも、不動産投資を始めるに当たっては、「どんな物件を、いくつ購入するか」以前に、「何のために投資をするのか」という目的を決めることが肝心です。

われわれのような不動産業者に相談するときも、まずは投資の目的をお話しいただきたいですね。

たとえば、「目の前の生活をラクにするために、納税負担をなるべく抑えたい」というのであれば、より多くの経費を計上できる物件を提案することもありますし、「老後に月々100万円以上の家賃収入を得たい」というご要望であれば、それに沿った資産の増やし方をご提案します。

ワンルームが4～5室購入できる与信枠をお持ちの方なら、まずは枠に余裕を残して2～3室購入し、家賃収入と納税負担の軽減効果によってキャッシュを蓄えていただきます。そうすると、ローンの返済が進んだ10～15年後には、それまで蓄えてきたキャッシュと物件の売却益の合計がローン残債を上回る可能性が高いので、売却すれば相応のキャッシュが手元に残ります。

そのキャッシュを使って、より利回りの高い物件を新たに購入したり、物件の数を少しずつ増やしたりすることによって、たとえば「月々100万円の家賃収入」という目標などに少しずつ近づけていくわけです。

当社では、お客さまの目的や目標に沿って、それを実現するためにはどのような投資戦略が望ましいのかということを考え、それに合わせて購入すべき物件を提案します。

それも、ただ購入をお勧めするだけではなく、運用によって何年後までにいくらのキャッシュを確保し、いくらで売却するという「出口戦略」まできちんと描いたうえで提案しています。

いずれにしても、「最初に物件ありき」ではなく、「何のための投資」で、「それを実現するためにはどうすればいいのか」という大前提に立って提案を行っているのです。

Aさん　「出口戦略」という言葉は、聞いたことがあります。物件を選ぶ際には、将来、有利に売れることも考えて選ぶ必要があるということですね。

笠原　「出口戦略」をどのようにとらえるかは、短期投資なのか、長期投資なのかによっても変わってきます。

「死ぬまで物件を持ち続けて、子どもや孫に相続したい」という長期投資スタンスの方なら、これもひとつの出口戦略です。

しかし、「10～15年でいったん売却し、それで得たキャッシュを次の投資に回しながら資産を増やしていきたい」といった短期投資スタンスの方なら、時期が来たときに計画どおりに売れそうな物件を選んでおくことが大切だと言えます。

ちなみに、ワンルームマンションは賃貸需要が安定しているので、価格がそれほど下がりにくく、売りたいときに短期間で買い手が付きやすいのが大きなメリットです。その意味では、比較的「出口戦略」を描きやすい不動産だと言えるかもしれません。

高所得者に与えられている「特別パス」を活用する

Aさん　なるほど。ところで、いまワンルームマンションは都心だと1室3000万円前後で買えるとのことですが、わたしは3000万円の自己資金を持っています。金融機関からローンを借りなくても、自己資金だけで1室購入できるわけですが、それでも借り入れを受けたほうがいいのでしょうか。

笠原　もちろん、自己資金で購入したほうが有利な面もあります。金融機関から3000万円のフルローンを借りた場合、金利2％の35年返済とすると、月々約10万円ずつ返済していかなければなりません。家賃収入が月8万円だとすると、毎月2万円ずつの赤字になります。年間では24万円の赤字です。

しかし、全額自己資金で購入すれば、ローン返済が不要になるので、月々8万円の家賃がまるまる手元に残るわけです。キャッシュが貯まりやすいという意味では、自己資金で買ったほうが有利だと言えます。

Aさん　確かに、そうですよね。

笠原　ですが、見方を変えてみると、これは非常にもったいない戦略だと言えます。

なぜなら、せっかく使える高額所得者の「特別パス」を生かしていないからです。

Aさん　「特別パス」ですか？

笠原　金融機関から与えられる与信枠や優遇条件のことです。先ほど、与信枠は年収のおよそ8倍から10倍程度と言いましたが、所得が大きくなればなるほど、借り入れられる金額も大きくなります。年収500万円の方であれば4000万円から5000万円しか借りられませんが、Aさんのように年収1500万円の方なら、1億2000万円から1億5000万円借りられるわけです。

自己資金だけならワンルームが1室しか購入できませんが、ローンを利用すれば、与信枠に余裕を残しても3～4室購入できるのです。

その分、資産形成のスピードも速くなり、より早く投資の目標に到達できるようになります。これは、高額所得の方だけに与えられた特権です。

Aさん　「特別パス」とは、資産形成の「特急券」のようなものなのですね！

笠原　高額所得の方には、借り入れられる金額が大きくなるだけでなく、より優遇された金利でお金を借りられるというメリットもあります。その分、ますます資産を増やしやすくなるのです。

Aさん　とはいえ、先ほどのお話だと3000万円のワンルームマンションをフルローンで購入すると、月々の返済が10万円、家賃収入が月8万円だと月々2万円、年間24万円の赤字になるということですよね。返済期間が35年だとすると、単純計算で合計840万円の赤字です。これでは、資産形成どころか、資産が大きく減ってしまうのではないでしょうか。

笠原　いまおっしゃったのは、ローンを完済するまで物件を持ち続けた場合だと思いますが、この場合、840万円の赤字が出る一方で、完済後には物件が丸ごと手元に残ります。35年後に物件の価格がどこまで下がっているかは、正直、市況にも多少左右されますが、少なくとも半分以下に下がっていることは考えにくいでしょう。そうなると、結果的に1500万円の物件を、ほぼ半額の840万円で手に入れたことになります。

また、物件を取得したことによって、それまでに相当の税負担が軽減されているわけですから、家賃からローン返済を差し引いた金額が赤字でも、トータルのキャッシュフローはプラスになっているという方も多くいらっしゃいます。

Aさん なるほど、そう考えると確かにお得かもしれませんね。しかも、ローンを完済し終わった後は、ほぼ丸ごと家賃収入が入ってくるわけですから、老後の生活もかなり安定しそうですね。

笠原 ワンルームが1室だけだと月々の家賃収入は8万円ですが、3~4室なら月24万~32万円になりますからね。もちろん、物件を少しずつ増やしていけば、ますます収入は増えていきます。

物件を増やしていくためには、Aさんが考えているようにローンを完済するまで物件を持ち続けるのではなく、中途で売却し、それによって得たキャッシュを使って、より有利な物件に買い替えていくという戦略を駆使したほうがいいと思います。

先ほども述べたように、物件購入から10～15年が経過すると、ローンの残債がかなり減って、それまでの家賃収入と税負担の軽減分、物件の売却益の合計が残債を上回る可能性が高くなります。そのキャッシュを使って、より利回りの高い物件に買い替え、さらに10～15年経ったら、次の物件に買い替えるというサイクルを繰り返すのです。

この繰り返しによってキャッシュが雪だるま式に増えれば、その分、物件を追加で購入できる余力も大きくなります。

Aさん　10～15年のサイクルを繰り返すとなると、なるべく早いうちから始めたほうがよさそうですね。わたしはいま30代ですが、これから始めるとなると、2回転が精いっぱいではないでしょうか。

笠原　実際には、物件の数が増えるにつれてサイクルも速まっていくので、30代の方なら3～4回転は可能だと思います。

それでもAさんがおっしゃるように、始めるなら、なるべく早いうちに始めるのが望ましいとは思いますね。ただし、40代や50代、60代の方でも、いまから始めるのは遅すぎるというわけではありません。

一般に不動産投資ローンの最終完済年齢は75～80歳なので、35年ローンを組むとなると45歳ぐらいまでに始めなければなりません。

返済期間が短くなると、その分、月々のローン返済額が増えるので、家賃収入から返済額を差し引いたキャッシュフローのマイナス幅が大きくなってしまいます。

しかし、40歳以上の方であれば、それなりに自己資金をお持ちのはずですから、ある程度の頭金を入れることで返済額を減らせます。

やり方次第では、40～50代の方でも物件を増やしていくサイクルを2～3回転はできるはずです。

スルガ銀行の問題などで銀行融資は厳しくなっている？

Aさん　ところで、このところスルガ銀行の不正融資事件など、不動産投資をめぐる事件やトラブルが相次いでいますね。これによって、投資のハードルが上がっているように思えるのですが、実際にはどうなのでしょうか。

たとえば、金融機関のローンの審査が厳しくなったという話も聞くのですが。

笠原　Aさんがおっしゃるように、銀行の審査が厳しくなっているのは事実です。以前に比べて、提出した書類はより厳格にチェックされるようになりましたし、審査が通るまでの時間も以前に比べて長くなったように思います。

また、不動産投資をめぐる事件やトラブルの多くは、一棟もののアパートやマンションにかかわるものなので、一棟ものを対象とするローンの審査はより厳しくなっているようです。

しかし、ワンルームマンション向けのローンについては、以前に比べてそれほど審査が厳しくなったという印象はありません。

もちろん、提出した書類については厳格にチェックされますが、事件やトラブルが相次いだことで与信枠が大きく抑えられたといったことはありませんし、時間はかかるものの、審査が通りにくくなったということもないようです。

一棟ものに比べると、ワンルームマンションに関するトラブルは少なく、底堅い賃貸需要もあることから、比較的審査が通りやすいのでしょう。

Aさん　不動産投資ローンに関して言うと、これから金利はどうなるのかという点も気になるところです。

いまは空前の低金利ですが、この先、金利が上昇する可能性はあるでしょうか。

笠原　金利は国の信用や金融政策、経済情勢などの変化によって大きく変わるので、この先どうなるのかを予想するのは困難です。

ただし、現在の低金利状況がこの先、大きく変わることは考えにくいと思います。

金利が上がるのは、物価が上昇する局面です。確かに日本ではここ数年、人件費や輸入価格の上昇とともに物価が上がっていますが、それでもインフレ率は年1％前後と力強さがありません。なぜなら、物価が上がるほどの消費の盛り上がりがないからです。

この先、人口減少とともに日本の国内消費はどんどん衰えていくはずですから、物価が上がり、それを抑え込むために金利も上昇するという構図は表れにくいでしょう。

また、金利が上昇するということは、国が社会保障を支えるために増やし続けている借金の返済負担も増えるということです。ただでさえ年々増え続けている借金の負担を国自らが増やすようなことは考えにくいと思います。

Aさん　ということは、不動産投資ローンの金利も引き続き低水準で推移し続けるのでしょうか。

笠原　おそらくそうなると思います。不動産投資は、なるべく金利の低いタイミングで始めるのがベストですが、今後も低金利状況が続くのであれば、いつ始めても遅くないと言えそうです。

一方、不動産価格は、東京や大阪、名古屋などの大都市圏ではこの先も上がり続けるはずです。

東京五輪が終了すると、東京の不動産価格は下がるという見方もありますが、むしろ人口流入の継続によって賃貸需要はさらに拡大し、不動産価格を押し上げるはずです。ほかの大都市圏についても、周辺地域からの人口流入が続いているので価格が下がることはないでしょう。
投資の利回りを高めるためには、なるべく不動産価格が安いうちに物件を取得することが大切ですが、その意味では、なるべく早く投資を始めたほうがいいと思います。

建物や賃貸の管理は自分でやるべきではない？

Aさん 不動産投資というと、入居付けや家賃の集金、入居者からの苦情やトラブルへの対処、建物の修繕・メンテナンスなど、いろいろと手間がかかりそうです。そうした面倒事にはどう対処すればいいのでしょうか。

笠原 一般的には、販売を仲介した不動産会社や、その会社のグループの管理会社がそうした面倒事を代行してくれます。当社の場合も同じです。
投資家の方は、自分で入居付けや入居者の管理を行う必要は一切ありませんし、入居者と直接顔を合わせることすら、まずありません。

管理会社にすべてお任せいただくだけで、毎月の預金通帳の残高に家賃収入が計上されていく仕組みです。

なかには、ご自身で入居者や物件の管理をしたいという方もいらっしゃいますが、Aさんのような年収1000万円以上の高額所得ビジネスパーソンの方々は、仕事が非常に忙しいので、とてもそこまで手が回らないのではないでしょうか。

見方を変えれば、株やFXなどと違って、一度買ってしまったら、あとはほったらかしにできるのが不動産のいいところだと思います。

Aさん　買った後の物件は、「サブリース」によって管理を任せるという方法もあると聞いたことがあります。サブリースとは、どんな仕組みでしょうか。

笠原　サブリースとは、不動産業者がお客さまの物件を丸ごと借り上げたうえで、入居者に物件を転貸する方法です。この場合、家賃収入は、入居者から直接入るのではなく、物件を貸している不動産業者から入ります。不動産業者が入居者から家賃を徴収し、そこから5％ほどの手数料を差し引いてお客さまにお支払いするという流れです。

サブリースのメリットは、お客さまが空室リスクをまったく気にしなくてもよくなる点です。たとえ空室が出ても、物件を借りている不動産業者はお客さまに家賃を支払わなければなりません。

その分、不動産業者は、空室が出ないようにしっかりと入居者や物件を管理しなければなりませんが、お客さまは手数料と引き換えに、何もしなくても家賃が確実に入ってくるという安心感を得られるわけです。

Aさん サブリース付きの投資用不動産の広告をいくつか見たことがありますが、なかには「35年家賃保証」といった、非常に長期間の保証をうたっている不動産業者もあります。本当に大丈夫なのでしょうか。

笠原 それは何とも言えません。実際のところ、投資用不動産にサブリースを付けるサービスの歴史は浅いので、実際に35年間家賃が保証されたという実例は、まだ出ていないのではないかと思います。

長期にわたって家賃保証をするためには、不動産業者がしっかりと入居付けを行い、なるべく空室を出さない努力を続ける必要があります。そうしないと、家賃収入は入らないのに、お客さまには家賃を支払わなければならないので、自分たちが赤字になってしまうからです。

しかし、年月とともに建物が老朽化・陳腐化したり、周辺にもっと魅力的なマンションやアパートが建ったりすると、空室を防ぐことは次第に困難になってきます。そう考えると、何十年も家賃保証をするというのは、かなり厳しいと思います。

たとえ「家賃を払い続ける」ことは保証できたとしても、「同じ家賃水準を保つ」ことは保証できないのではないかと思います。

実際、サブリース契約には、何年おきかに「家賃の見直しを行う」という項目が含まれているのが一般的です。

契約当初は家賃8万円でも、数年後には7万8000円、さらに数年後には7万5000円と、次第に家賃収入が下がっていくことも十分に考えられるわけです。

ですから、「35年家賃保証」といった不動産業者の宣伝は、あまり鵜呑みにしないほうがいいと思います。

ちなみに当社もサブリースを提供していますが、建物の老朽化・陳腐化や周辺の競争環境の変化によっては、お支払いする家賃が下がる可能性もあるということは、事前にお客さまにきちんと説明しています。

また、物件を長く所有すれば、どうしても家賃が下がっていくものですが、投資の収支計画を立てる際には、それを織り込んだ確実性の高い計画を立てて、お客さまにご提案しています（再開発エリアである場合は、周辺相場が変動し、家賃が上がることもありますので、一概ではありません）。

知っておきたい不動産投資のリスク

Aさん　不動産投資の魅力については、だんだんわかってきました。しかし、投資である以上、不動産投資にもリスクはあるのではないでしょうか。

笠原　はい。不動産投資の主なリスクとしては、①空室リスク、②家賃下落リスク、③価格下落リスク、④金利上昇リスク、⑤修繕リスク、⑥災害リスクなどがあります。

不動産投資において、最も大きなリスクとして意識しなければならないのが、①の空室リスクです。サブリースでない場合、空室が出れば、当然、家賃収入は入ってこなくなるわけですから、何とかそのリスクを最小化する必要があります。

空室の発生には、主に3つの問題が考えられます。

まず最も大きいのが、エリアの問題です。そもそもエリアに需要がなければ、どんなに魅力のある物件でも入居付けをするのは困難です。

ワンルームマンションの需要が高いのは、東京、大阪、名古屋などの都市圏、もしくは都心部へのアクセスがいい駅の徒歩圏に限られます。郊外や地方のワンルームマンションは、家賃をかなり落としても入居付けにはある程度の時間を要します。

空室が起きる2番目の問題は、物件の魅力です。なかでも「清潔さ」や「新しさ」は絶対条件。管理会社に頼んで、古くなった壁や床はしっかりリフォームし、すみずみまできちんと掃除してください。

3つ目の問題は入居付けです。入居付けは通常、管理会社が請け負いますが、会社のスキルややる気などによっても大きな違いが表れるので、管理会社を選ぶ際には、評判などを参考にして、じっくりと選びましょう。

入居付けに強い管理会社を選ぶだけで、空室リスクはかなり低減できるはずです。

Aさん　②の家賃下落リスクも、非常に気になるところですね。

笠原　家賃下落リスクは、空室リスクと表裏一体の関係です。空室が長引くと、入居付けのために家賃を下げざるを得なくなってきます。

物件の魅力は経年とともに落ちていきます。それに伴ってある程度家賃が下落していくのは自然な現象ですが、下げ幅が大きいとキャッシュフローが厳しくなります。

家賃下落リスクは空室リスクとリンクしているので、需要の高い場所を選べばリスクを抑えやすくなります。

物件の魅力を維持することも家賃の下げ幅を抑えるのに有効です。最も直接的なのはリフォームやリノベーションですが、コストとそれによって維持される家賃の額を比較して、行うだけの価値があるかどうかを冷静に判断することが必要です。

Aさん　③の価格下落リスクというのは、物件そのものの価格が下がるリスクのことでしょうか。

笠原　はい。物件価格の下落は、物件を持ち続けている限りは問題となりません。「家賃収入さえ得られれば、それでいい」と割り切るなら、むしろ価格下落によって固定資産税や都市計画税等も下がるので、運用コストが抑えられるというメリットがあります。

しかし、「出口」（売却）も視野に入れるのであれば、なるべく価格が下がりにくい物件を選ぶ必要があります。

価格下落が起きる原因は多様です。不動産投資市場に流れ込む資金の量や、エリア内の需給状況、さらには物件そのものの魅力も大きく関係します。

資金の流れやエリア内の需給はどうしようもありませんが、物件の魅力を高める工夫は投資家の判断で行えます。リフォームは最も効果的な戦術ですが、日ごろからしっかり清掃やメンテナンスを行って、物件の価値を保つというのも、地味ではありますが有効な方法です。

Aさん ④の金利上昇リスクとは、不動産投資ローンの金利が上昇して、返済額が大きくなるリスクのことですね。

笠原 たとえば、2億円を金利2％、返済期間35年で借り入れたら、年間の支払額は795万円となります。

ところが、同じローンで金利が4・5％に上昇すると、年間の支払額は1136万円にもなります。年間341万円も支払いが上昇することになるのです。

先ほど述べたように、個人的には現在の低金利状況が今後も長く続くと見ていますが、金利が上昇すると返済負担が増えて、キャッシュフローが小さくなるリスクがあるということは、認識しておいたほうがいいでしょう。

Aさん ⑤の修繕リスクとは、どのようなものでしょうか。

笠原　建物や設備が老朽化してくると、突然壊れたり、不具合が発生したりすることがあります。新築ワンルームマンションであれば、当面はデベロッパーやメーカーの保証を受けられますが、保証期間が過ぎると、修理・修繕やメンテナンスの費用がかかるようになります。

突発的な故障や不具合が発生した場合、入居者の生活に支障を来すのですぐに対応しなければなりませんが、費用負担の度合いによっては、収益が大きく下がることもあります。これが修繕リスクです。

中古物件を購入する場合は、すでに建物や設備がある程度傷んでいるので、なおさら修繕リスクに注意しなければなりません。

Aさん　⑥の災害リスクとは、地震や火災などに遭うリスクのことですね。

笠原　地震や火災などは発生を予測できないため、とくに不動産投資を手掛けたことがない人は大きな不安を感じるようです。物件そのものを失ったり、価値が大きく損なわれたりして、大事な資産を減らしてしまう恐れがあるからです。

しかし、災害リスクは物件選びと保険の利用で、気にならないレベルまで抑えることができます。

物件選びでは、まず「災害に強い物件」を選ぶことが欠かせません。RC造のワンルームマンションは地震に強く、火災にも強いという特徴があります。もともとRC造の建物は強固な壁面で揺れを受けるため、他の構造に比べて耐震性が高めです。

さらにRC造は、万が一火災が発生しても内装のリフォームだけで引き続き利用可能です。躯体に被害が及ばないので、保険金を使って内装を改修すれば、すぐに賃貸物件として提供できるのです。

火災保険に加えて地震保険にも加入しておけば、安心感はさらに大きくなります。最大で火災保険の50％まで保険金を設定できるので、かなり大きな被害までカバーすることができます。

Aさん　なるほど、よくわかりました。

笠原　ところで不動産投資にかかわるリスクには、もうひとつ、とくに注意していただきたいものがあります。

Aさん　何でしょうか？

笠原　それは「不動産投資を検討しない」ことのリスクです。

Aさんは、「老後の年金が心配だ」と感じていらっしゃるようですが、確かに少子・高齢化と人口減少がこのまま進むと、わたしたちが将来受け取れる年金の額はますます減り、受給年齢も先送りされることが予想されます。

これに備えるためには、安定的に資産を形成し、その資産を活用して年金を補うだけのインカムが得られるようにしておくことが大切です。

そして、それを実現するうえで、必ず検討に入れておきたいのが不動産投資です。

不動産投資と聞くと、「危ない」とか「怖い」という印象を抱く方もいらっしゃるようですが、株やFXと比べると価格変動リスクは非常に小さいですし、ローンを完済すれば数千万円単位のまとまった資産（不動産）が手元に残り、それによって安定的なインカム

（家賃収入）が得られるのですから、現実的に考えると、堅実で安心できる投資手段なのです。

老後への備えは、なるべく早いうちから始めるのが望ましいと言えます。先入観を拭い去って、いまからでも検討を始めてみてはいかがでしょうか。

成功のカギを握るのは自分を理解してくれるパートナー

Aさん　おっしゃるとおりかもしれませんね。ところで、わたしのような初心者が不動産投資を始める場合、ほかにどのような点に注意したらいいでしょうか。

笠原　まずは信頼できる不動産業者を投資のパートナーとして選ぶこと。これに尽きると思います。

信頼できるパートナーの条件とは、ひと言で言えば、「あなたの悩みに、親身になって応えてくれるかどうか」ということです。

ひと口に不動産業者といってもさまざまで、なかにはひとつでも多く物件を売りたいために、お客さまの要望には耳を傾けず、押し売りするように物件を勧めてくる業者もあります。もちろん、そうした業者は論外です。

不動産投資は、あくまで充実したライフプランを実現するための手段にすぎません。お客さまが不動産投資に興味を持たれるのは、それによって、「自分のいまの生活や将来の暮らしをこうしたい」という目的や目標があるからです。

そうした目的や目標にじっくりと耳を傾け、それを実現するためには、どのような物件を、どんなふうに運用していけばいいのかという適切なプランを提案できる会社こそが、本当の意味で信頼できるパートナーだと言えます。

もちろん、不動産投資に関する深い知識や経験、投資用物件に関する幅広い情報を持っているということは大前提ですが、それ以上に、どれだけお客さまの気持ちになって、お客さまのために汗をかけるか、というマインドの部分が大切だと思います。

Aさん　そうした信頼できるパートナーには、どうすれば出会えるのでしょうか。

笠原　友人との出会い、生涯の伴侶との出会いなど、出会いは何でも同じですが、相性というものが非常に大切です。まずは、なるべく多くの不動産業者を回って、自分のフィーリングに合う業者を選んでみてはどうでしょうか。会社というよりも、担当者その人に対する相性の良し悪しが肝心かもしれませんね。

Ａさんのような年収１０００万円以上の高所得ビジネスパーソンの方なら、日ごろから仕事やプライベートでさまざまな方とお付き合いをして、人を見る目を養っておられるはずです。その経験に自信を持って、「この人、この業者なら信頼できる」という相手を見極めてみてはいかがでしょうか。

Ａさん　なるほど。普段の仕事で磨いた感覚を生かせばいいわけですね。

笠原　さらに、訪問する前にいくつかのチェック項目を用意して、それらの項目をどれだけ満たしてくれるかどうかを確かめてみるのもいいと思います。

たとえば、「こちらの話をちゃんと聞いてくれるか」「物件を売るというよりも、資産形成をサポートするという姿勢で対応してくれているか」「不動産投資に関する専門性は備えているか」といった項目をあらかじめ用意しておき、それぞれについて確認や質問をしてみるといいでしょう。

こうすれば、それぞれの業者を客観的に見比べることができますし、自分のニーズに本当にかなっている業者を絞り込めるはずです。

Aさん　非常に勉強になりました。ありがとうございます。

笠原　信頼できるパートナーを選べれば、不動産投資は8割成功したと言ってもいいでしょう。最後に、「将来設計」に関しての一番のリスクについてお伝えしておきますが、それは「何もしないこと」です。まずは情報収集からでもいいと思います。今後のAさんの資産形成、応援しております。

おわりに

本書を最後までお読みいただき、本当にありがとうございます。

これからの日本はどんな方向に向かっていくのか。

期待も大きい半面、自分の将来を考えると、そこはかとない不安を感じる方もいらっしゃるのではないでしょうか。

「戦後最長の景気拡大を記録した」と言われても実感が伴わず、むしろ、日々の生活はどんどん苦しくなっているように思われます。

本書を読んでくださったのは、年収1000万円以上の高額所得ビジネスパーソンの方々が多いと思いますが、どんなに高所得でも、納税負担の重さからゆとりのない生活を余儀なくされている方は、大勢いらっしゃるはずです。

そうした方々に、少しでも豊かな「いまの暮らし」、そして「安定資産の形成」を手に入れていただきたいと思ったのが、本書を書いたきっかけです。

第1章では、年収1000万円でも簡単ではない「ふつう」の暮らし、税金や社会保険料、目に見えない〝ポジション維持費用〟の話。

第2章では、高所得者にとっての資産形成の重要性と、その選択肢と種類別の特徴など。

第3章では、不動産投資に関する「高所得者の特別パス」の存在、不動産投資の知っておきたい基礎知識、実際の購入の流れなど。

第4章では、パートナーの重要性とリスクとの関係性。銀行不正事件による市況への影響、運用方法に関する具体的な話など。高所得者の皆さまへ向け、順を追ってお伝えしてきました。

どれも重要なことで、少し内容が多かったかもしれませんが、お読みいただいていかがでしたでしょうか？

第４章の最後で触れたように、不動産投資にもさまざまなリスクはありますが、立地や物件をしっかりと選び、きちんと管理を行えばリスクを最小化できます。

リスクを抑え、収益を最大化するためには、どんな不動産業者をパートナーにするかということも非常に大切です。

いい業者なら、あなたの投資目的や目標に沿って、リスクを抑えつつ、目標にかなった収益を実現できる物件を探してくれるはずですし、購入後の管理もしっかりと行ってくれるはずです。

わたしたちは、そんなお客さまから頼られるパートナーになるべく、日々研鑽を重ねております。ご興味があれば、ぜひご相談にお越しください。

この本に書かれた内容が、あなたの「現在」に対するディフェンシブな「資産セキュリティ対策」と、「未来」に向けた「資産形成」に役立つことを願ってやみません。

最後に、本書の出版をお勧めいただいたクライアントの皆さま、対談にご協力をいただきましたAさま、そして本書の制作にかかわっていただいたすべての皆さまに感謝申し上げます。

これまで皆さまと一緒に培ってまいりました「経験という財産」を、これからも一人でも多くの方の将来設計に全力で生かしていきます。

笠原章嗣

年収1000万円を超えたら読む資産防衛の本

「儲ける」よりも「安定性」が求められる時代

2019年7月3日　第1刷発行

著者　笠原章嗣
発行　ダイヤモンド社
〒150-8409　東京都渋谷区神宮前6-12-17
http://www.diamond.co.jp/
電話／03-5778-7235（編集）　03-5778-7240（販売）
編集協力　渡辺賢一
石田修平　高橋香菜（リライアンス）
装丁　平田毅
イラスト　小林孝文
制作進行　ダイヤモンド・グラフィック社
印刷・製本　三松堂
編集担当　花岡則夫　小出康成

ISBN 978-4-478-10768-3

本書は投資の参考となる情報の提供を目的としております。投資にあたっての意思決定、最終判断はご自身の責任でお願いいたします。本書の内容は2019年6月6日現在のものであり、予告なく変更されることもあります。また、本書の内容には正確を期する万全の努力をいたしましたが、万が一の誤り、脱落等がありましても、その責任は負いかねますのでご了承ください。